锦句琳琅 诗意浓

那些高级到骨子里的诗句

徐嘉崎 编

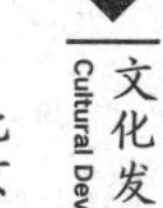

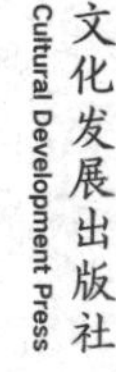

文化发展出版社
Cultural Development Press
·北京·

图书在版编目(CIP)数据

锦句琳琅诗意浓 / 徐嘉崎编. -- 北京 : 文化发展出版社, 2025. 5. -- ISBN 978-7-5142-4329-1

Ⅰ. I222

中国国家版本馆CIP数据核字第2025ZU8271号

锦句琳琅诗意浓

编　　者：徐嘉崎

责任编辑：孙豆豆　　　　　责任印制：杨　骏
特约编辑：滕龙江　　　　　责任校对：岳智勇
封面设计：柏光设计
出版发行：文化发展出版社（北京市翠微路2号　邮编：100036）
网　　址：www.wenhuafazhan.com
经　　销：全国新华书店
印　　刷：河北晔盛亚印刷有限公司

开　　本：670mm×960mm　1/16
字　　数：84千字
印　　张：9
版　　次：2025年5月第1版
印　　次：2025年5月第1次印刷

定　　价：59.80元
I S B N：978-7-5142-4329-1

◆　如有印装质量问题，请电话联系：13683640646

目录

CONTENTS

励志篇 心之所向，素履以往

哲理篇 慧心启明，照见尘世未来

杂感篇 感悟于织锦时光之中

情感篇

爱意交织，岁月静好

爱情
我与春风皆过客，你携秋水揽星河

表明爱意

白话 我想和你生死相随。

古诗 死生契阔，与子成说。执子之手，与子偕老。

白话 我对你的爱非常坚定。

古诗 我心匪石，不可转也。我心匪席，不可卷也。

白话 与你相爱，矢志不移。

古诗 山无陵，江水为竭，冬雷震震，夏雨雪，天地合，乃敢与君绝。

白话 我想和你走到最后。

古诗 愿得一心人，白头不相离。

白话 我对你的爱意，上苍可以做证。

古诗 知我意，感君怜，此情须问天。

白话 若爱，请深爱。

古诗 心心复心心，结爱务在深。

白话 我和你是天生一对。

古诗 与君便是鸳鸯侣，休向人间觅往还。

白话 我想永远陪着你。

古诗 愿为西南风，长逝入君怀。

白话 你我一见如故、情根深种，真是相见恨晚啊！

古诗 相逢情更深，恨不相逢早。

白话 老天终于看到我的心愿，让我遇见了你啊。

古诗 天不绝人愿，故使侬见郎。

白话 我想要永远和你在一起。

古诗 愿作远方兽，步步比肩行。愿作深山木，枝枝连理生。

白话 希望我们相知相爱，琴瑟和谐到永远。

古诗 鸳鸯交颈期千岁，琴瑟谐和愿百年。

白话 你不来，再美的风景我也无心欣赏。

古诗 从此无心爱良夜，任他明月下西楼。

白话 你我两相恩爱，从无猜疑。

古诗 结发为夫妻，恩爱两不疑。

白话 千金也不及我对你的情谊。

古诗 千金纵买相如赋，脉脉此情谁诉？

白话 我没有一晚不思念你。

古诗 风吹荷叶动，无夜不摇莲。

白话 我和你心心相印。

古诗 我心子所达，子心我所知。

白话 在我眼中，你就是最好的。

古诗 色不迷人人自迷，情人眼里出西施。

白话 我们对彼此的爱，永不转移。

古诗 君当作磐石，妾当作蒲苇。蒲苇纫如丝，磐石无转移。

白话 距离再远也不能阻隔我们深厚的情谊。

古诗 与君远相知，不道云海深。

白话 我生，将伴你身旁，我死，也会永远思念你。

古诗 生当复来归，死当长相思。

表达思念

白话 我的心里装满了对你的思念，这份情感只有我自己知道。

古诗 玲珑骰子安红豆，入骨相思知不知。

白话 漫天晚霞是我对你深深的思念啊！

古诗 夕阳一点如红豆，已把相思写满天。

白话 祈祷长风能捎去我对你的思念。

古诗 **南风知我意，吹梦到西洲。**

白话 我希望你能读懂我的思念，然后给我寄传音讯。

古诗 **青青子衿，悠悠我心。纵我不往，子宁不嗣音？**

白话 我无时无刻不在想念你。

古诗 **晓看天色暮看云，行也思君，坐也思君。**

白话 你变成我，才知道我对你的思念有多深。

古诗 **换我心，为你心，始知相忆深。**

白话 我对你的思念无穷无尽。

古诗 **思君如流水，何有穷已时。**

白话 一天不见你，我就想你想得要发狂了。

古诗 **有一美人兮，见之不忘。一日不见兮，思之如狂。**

白话 我到死都想念着你。

古诗 **春蚕到死丝方尽，蜡炬成灰泪始干。**

白话 离别之后非常想念，再见时竟觉隔世经年。

古诗 **别后相思空一水，重来回首已三生。**

白话 离得这么远，怎样告诉你我很想你呢？

古诗 **别情无处说，方寸是星河。**

白话 好想常常见到你。

古诗 愿人间天上，暮云朝雨长相见。

白话 分隔许久，我对你有着深深的思念。

古诗 相思似海深，旧事如天远。

白话 我想你想得都瘦了。

古诗 相去日已远，衣带日已缓。

白话 爱你却异地相思，这是我这一生最无法释怀的事。

古诗 同心而离居，忧伤以终老。

白话 分开之后，我做梦都想念你。

古诗 从别后，忆相逢，几回魂梦与君同。

白话 如果我不思念你，也就不会有这样多的白发。

古诗 若教眼底无离恨，不信人间有白头。

白话 思念你的心就像那春天的江水，一直流淌不停。

古诗 忆君心似西江水，日夜东流无歇时。

白话 我心里满满的都是你，相思之苦却无法排遣。

古诗 一寸相思千万绪，人间没个安排处。

白话 我想你，茶饭不思。

古诗 衣带渐宽终不悔，为伊消得人憔悴。

白话 曾经有过短暂的欢乐，而后却是长久的分离与思念。

古诗 别来半岁音书绝，一寸离肠千万结。难相见，易相别，又是玉楼花似雪。

一见钟情

白话 我在最好的时光遇见了最好的人。

古诗 今夕何夕，见此良人？

白话 第一次见你，我就喜欢你了。

古诗 只缘感君一回顾，使我思君朝与暮。

白话 我好像喜欢上你了。

古诗 情不知所起，一往而深。

白话 我前世遇见过你吗？

古诗 最是凝眸无限意，似曾相识在前生。

白话 你就是我心里想要的那个人。

古诗 有美一人，清扬婉兮，邂逅相遇，适我愿兮。

白话 第一次见你，就已经刻骨铭心了。

古诗 墙头马上遥相顾，一见知君即断肠。

白话 我们初见第一面，就心意相通了。

古诗 忆玉兰花下，初见芳踪。眉欲语，意才通。

白话 初相逢时你的笑，比一切都珍贵。

古诗 笑相遇，似觉琼枝玉树相倚，暖日明霞光烂。

表达对美好爱情的憧憬

白话 我想一直和你在一起。

古诗 愿我如星君如月，夜夜流光相皎洁。

白话 我想一生一世都只有你一个人。

古诗 相怜相念倍相亲，一生一代一双人。

白话 和你在一起的时候，我没有羡慕过任何人。

古诗 得成比目何辞死，愿作鸳鸯不羡仙。

白话 希望我们长命百岁，并且一直在一起。

古诗 一愿郎君千岁，二愿妾身常健，三愿如同梁上燕，岁岁长相见。

白话 我们的心永远在一起。

古诗 花不尽，月无穷。两心同。

白话 即使相隔遥远，我们的爱也不会减少。

古诗 两情若是久长时，又岂在朝朝暮暮。

白话 爱情于我，生死不渝。

古诗 问世间，情是何物？直教生死相许。

夸心上人风流倜傥

白话 他好帅啊！

古诗 白玉谁家郎，回车渡天津。看花东陌上，惊动洛阳人。

白话 他是一位如玉般温和的君子。

古诗 言念君子，温其如玉。

白话 他真是世界上最帅的男人。

古诗 积石如玉，列松如翠。郎艳独绝，世无其二。

白话 他帅到世间罕有！

古诗 算一生绕遍，瑶阶玉树，如君样、人间少。

白话 他高雅，有学问，有品行。

古诗 有匪君子，如切如磋，如琢如磨。

白话 他美得像幅画！

古诗 公子只应见画，此中我独知津。

白话 他帅且有气质。

古诗 翩翩佳公子，逸气凌青云。

夸心上人漂亮美好

白话 她出尘绝世，宛若水中美人。

古诗 蒹葭苍苍，白露为霜。所谓伊人，在水一方。

白话 她真是绝世美人啊！

古诗 北方有佳人，绝世而独立。一顾倾人城，再顾倾人国。

白话 她身材真好，体态如青松。

古诗 翩若惊鸿，婉若游龙。荣曜秋菊，华茂春松。

白话 她是我见过的女孩里最漂亮的。

古诗 众里嫣然通一顾，人间颜色如尘土。

白话 她的笑脸让我感到无限深情。

古诗 脸慢笑盈盈，相看无限情。

表达暗恋之情

白话 我爱上了一个人，这是我的小心思、小秘密。

古诗 心似双丝网，中有千千结。

白话 我喜欢他这件事，他并不知道。

古诗 山有木兮木有枝，心悦君兮君不知。

白话 我为你相思入骨，你却不知道啊。

古诗 前尘往事断肠诗，侬为君痴君不知。

我只喜欢你

白话 这些女孩虽然美丽，但都不是我心心念念的那一个。

古诗 出其东门，有女如云。虽则如云，匪我思存。

白话 拥有过这么好的你，我不会再喜欢别人。

古诗 曾经沧海难为水，除却巫山不是云。

白话 世上的女孩千千万，只要我那一个心上人。

古诗 任凭弱水三千，我只取一瓢饮。

白话 千千万万人，都没有你好。

古诗 识尽千千万万人，终不似、伊家好。

白话 我愿只守着你。

古诗 待浮花、浪蕊都尽，伴君幽独。

白话 任那繁花似海，我心只为你盛开。

古诗 取次花丛懒回顾，半缘修道半缘君。

白话 我心已被你填满，他人再难入我怀。

古诗 似此星辰非昨夜，为谁风露立中宵。

白话 无论风雨，我只钟情于你。

古诗 若似月轮终皎洁，不辞冰雪为卿热。

怀念和恋人在一起的美好时光

白话 我们曾经在黄昏的时候约会。

古诗 月上柳梢头，人约黄昏后。

白话 当时我们一起喝酒，一起弹琴，一起说着白头偕老。

古诗 宜言饮酒，与子偕老。琴瑟在御，莫不静好。

白话 与相爱的人相守的日子，是人世间最美的时光。

古诗 金风玉露一相逢，便胜却人间无数。

白话 和你在一起的时候，我记得有明月、彩云相伴。

古诗 当时明月在，曾照彩云归。

白话 和你在一起，对望一眼都觉温情脉脉。

古诗 山似玉，玉如君，相看一笑温。

白话 我们一起折过梨花。

古诗 黄昏庭院柳啼鸦，记得那人，和月折梨花。

白话 我记得和她刚见面的情景。

古诗 记得那年花下，深夜，初识谢娘时。水堂西面画帘垂，携手暗相期。

重逢

白话 在这里遇见你，真巧啊！

古诗 众里寻他千百度。蓦然回首，那人却在，灯火阑珊处。

白话 和他重逢，我怎么能不欢喜！

古诗 风雨如晦，鸡鸣不已。既见君子，云胡不喜。

白话 重逢时刻，多少拥抱，多少泪珠儿，都不够啊。

古诗 曲阑深处重相见，匀泪偎人颤。

白话 历经波折终于重逢，感觉像在梦中一样不真实。

古诗 今宵剩把银釭照，犹恐相逢是梦中。

白话 重逢时，不用说话，我已懂你。

古诗 相见情已深，未语可知心。

表达对爱情的遗憾

白话 真怀念当时的真情啊！

古诗 此情可待成追忆，只是当时已惘然。

白话 我不是你一生所爱，我只是你人生中的过客。

古诗 我与春风皆过客，你携秋水揽星河。

白话　失去后，才明白我们在一起的时光多美好，当时却把它看作是寻常。

古诗　赌书消得泼茶香，当时只道是寻常。

白话　曾经山盟海誓，最终却陌路，怎能不让人叹惋。

古诗　侯门一入深如海，从此萧郎是路人。

白话　我们的相爱，宛若大梦一场。

古诗　多情自古空余恨，好梦由来最易醒。

白话　从一开始，我就爱错了人。

古诗　而今才道当时错，心绪凄迷。红泪偷垂，满眼春风百事非。

白话　我真的很遗憾。

古诗　西风多少恨，吹不散眉弯。

白话　就这样失去了你的消息。

古诗　渐行渐远渐无书，水阔鱼沉何处问。

白话　我们从此失去了联系。

古诗　从此音尘各悄然，春山如黛草如烟。

白话　恨我们都生错了时代，不能携手啊！

古诗　君生我未生，我生君已老。

白话　我们相见恨晚。

古诗　还君明珠双泪垂，恨不相逢未嫁时。

白话 你喜欢别人了，那我们就分开吧。

古诗 闻君有两意，故来相决绝。

白话 我和恋人，相爱不能相守，愁肠百转啊。

古诗 我有所念人，隔在远远乡。我有所感事，结在深深肠。

友情

君埋泉下泥销骨，我寄人间雪满头

和朋友相处

白话 在一起玩时很开心，分开了我也会想念你。

古诗 **桃李春风一杯酒，江湖夜雨十年灯。**

白话 和朋友聚会，太开心了！

古诗 **偶然相聚。最是人间堪乐处。**

白话 和朋友在一起，喝点茶也高兴。

古诗 **知音不在千杯酒，一盏空茶也醉人。**

白话 等待朋友赴约，这期间好无聊。

古诗 **有约不来过夜半，闲敲棋子落灯花。**

白话 见到朋友，我高兴得什么病都好了。

古诗 **我病君来高歌饮，惊散楼头飞雪。**

白话 在吗？睡了吗？没睡我来找你聊。

古诗 **空山松子落，幽人应未眠。**

和朋友喝酒

白话 待酒酿好了，朋友，一起来喝。

古诗 更待菊黄家酿熟，共君一醉一陶然。

白话 就算离得很远，但情义在这杯酒中。

古诗 人分千里外，兴在一杯中。

白话 两个人在山花烂漫处喝酒，真开心啊！

古诗 两人对酌山花开，一杯一杯复一杯。

白话 人生已经这么难了，快喝杯酒舒坦舒坦。

古诗 一生大笑能几回，斗酒相逢须醉倒。

白话 我们一起喝酒多快乐，你就多留些日子吧。

古诗 把酒祝东风，且共从容。

白话 好友，一起喝酒吗？

古诗 绿蚁新醅酒，红泥小火炉。晚来天欲雪，能饮一杯无？

白话 我喝醉了，先休息了。明天你想喝的话，再来。

古诗 我醉欲眠卿且去，明朝有意抱琴来。

白话 希望喝酒的时候，有风有月能尽兴。

古诗 唯愿当歌对酒时，月光长照金樽里。

白话 我干了，你随意！

古诗 相逢意气为君饮，系马高楼垂柳边。

表达和朋友重逢

白话 见到朋友，我太开心了。

古诗 故人相见似河清。恰逢梅柳动，高兴逐春生。

白话 因为你的到来我家都蓬荜生辉了。

古诗 我见君来，顿觉吾庐，溪山美哉。

白话 刚见面时心情好，现在要分开，又不开心了。

古诗 相逢方一笑，相送还成泣。

白话 朋友相逢的快乐，人一辈子又有几回啊！

古诗 数人世相逢，百年欢笑，能得几回又。

白话 朋友远道而来，我真开心。

古诗 恰如灯下，故人万里，归来对影。

白话 故友重逢，都是前缘啊！

古诗 相逢一醉是前缘，风雨散、飘然何处？

白话 期待见到你啊，我的朋友。

古诗 此心终待相逢说，时复登楼看暮山。

白话 我要打扫房屋来招待你，我的朋友。

古诗 花径不曾缘客扫，蓬门今始为君开。

白话 又见到你了，我的朋友。

古诗 正是江南好风景，落花时节又逢君。

白话 聚散无常，遇到了就及时行乐吧。

古诗 人生聚散长如此，相见且欢娱。

表达对朋友的祝愿

白话 希望后人能歌颂你。

古诗 千年万岁，椒花颂声。

白话 希望我们友谊长存。

古诗 愿岁并谢，与长友兮。

白话 身体健康，常常相见。

古诗 年年约，常相见。但无事，身强健。

白话 好好活着，常常相聚。

古诗 但使残年饱吃饭，只愿无事常相见。

白话 顶峰相见。

古诗 于道各努力，千里自同风。

白话 以后有什么好消息，告诉我，也让我开心开心。

古诗 从此应多好消息，莫忘江上一闲人。

白话 等你发达了，我陪你喝一杯。

古诗 何日功成名遂了，还乡，醉笑陪公三万场。

白话 我没有什么要送你的，就希望你人生处处能逢春。

古诗 江南无所有，聊赠一枝春。

白话 多吃饭，常相见。

古诗 凭寄语，劝加餐。桂花时节约重还。

白话 祝你有所成就。

古诗 愿祝君如此山水，滔滔岌岌风云起。

表达对朋友的思念

白话 明年你会回来吗？

古诗 春草明年绿，王孙归不归？

白话 什么时候，一起聚聚谈谈心啊，我的朋友。

古诗 人亦有言，日月于征。安得促席，说彼平生。

白话 下雪时最想你。

古诗 琴诗酒伴皆抛我，雪月花时最忆君。

白话 你走了，我感到很难受。

古诗 日暮酒醒人已远，满天风雨下西楼。

白话 那天树影动了动，我还以为是你来了呢。

古诗 西窗下，风摇翠竹，疑是故人来。

白话 想见你，却有千里之遥，因此感到难过！

古诗 故交在天末，心知复千里。

白话 我们已经很久未见了。

古诗 人生不相见，动如参与商。

白话 什么时候过来谈谈心？见不到的日子很难过。

古诗 相悲各罢酒，何时同促膝？

白话 我的朋友啊，我梦见你了。

古诗 故人入我梦，明我长相忆。

白话 我们只能在梦里相见。

古诗 无论去与住，俱是梦中人。

白话 我们曾一起经历风雨，望着同一轮明月，就觉得距离很近了。

古诗 青山一道同云雨，明月何曾是两乡。

白话 一喝酒就想你。

古诗 遥知湖上一樽酒，能忆天涯万里人。

白话 明年你还会过来吗?

古诗 可惜明年花更好,知与谁同?

和朋友感情很深

白话 我们的友情很深厚。

古诗 任说天长海影沈,友朋情比未为深。

白话 我们能够相逢相知真是不易。

古诗 与君相遇知何处,两叶浮萍大海中。

白话 你离去了,我的心都空了。

古诗 同心一人去,坐觉长安空。

白话 我想梦都梦不到你啊!

古诗 我今因病魂颠倒,唯梦闲人不梦君。

白话 你走了多年,如今我也满头白发。

古诗 君埋泉下泥销骨,我寄人间雪满头。

白话 一想到我有你这个朋友,就算远在天涯,心也是暖烘烘的。

古诗 海内存知己,天涯若比邻。

白话 遇到你这样好的朋友,是万年一遇的福气。

古诗 斯贤达之素交,历万古而一遇。

白话 你不开口我都知道你想要说什么。

古诗 **共藏多少意，不语两相知。**

白话 世上不会有第二个你了，我的朋友。

古诗 **我与先生，夙期已久，人间无此。**

白话 跨越千山来看你。

古诗 **不辞山路远，踏雪也相过。**

白话 我们有福同享，有难同当。

古诗 **岂曰无衣，与子同袍。**

白话 我对别人冷眼相待，但对知己很热情。

古诗 **一双冷眼看世人，满腔热血酬知己。**

白话 你送别我的这份情谊，非常之深啊！

古诗 **桃花潭水深千尺，不及汪伦送我情。**

白话 想和你长长久久做朋友。

古诗 **岁晚青山路，白首期同归。**

白话 你比我的亲兄弟还亲啊！

古诗 **虽有兄弟，不如友生。**

白话 谁伤害了你，我都会替你出头。

古诗 **君子死知己，提剑出燕京。**

送别朋友

白话 我的心永远跟随你。

古诗 我寄愁心与明月，随君直到夜郎西。

白话 喝了这杯酒吧，外面就没有我们这些好朋友了。

古诗 劝君更尽一杯酒，西出阳关无故人。

白话 别怕前面交不到好朋友，天下有谁不认识你呢？

古诗 莫愁前路无知己，天下谁人不识君。

白话 我们已经十年没有相见了。

古诗 浮云一别后，流水十年间。

白话 不要为离别悲伤，兄弟你是外出做大事业的！

古诗 离魂莫惆怅，看取宝刀雄！

白话 在这里分别后，大家都要孤单前行了。

古诗 此地一为别，孤蓬万里征。

白话 马上就要分别了，我的朋友。

古诗 数声风笛离亭晚，君向潇湘我向秦。

白话 心在一起，多远都不怕。

古诗 相知无远近，万里尚为邻。

白话 一定要记得我们之间的感情啊！

古诗 浮云游子意，落日故人情。

渴望得到朋友

白话 想要一个知心朋友。

古诗 结交在相知，骨肉何必亲。

白话 我怎么就没有一个知心朋友呢？

古诗 欲取鸣琴弹，恨无知音赏。

白话 友情比金钱更贵重。

古诗 人生贵相知，何必金与钱？

亲情
我有明珠一颗，照破青山万朵

表达感恩父母

白话 养了孩子才知道父母的恩情。

古诗 当家才知盐米贵，养子方知父母恩。

白话 没什么成就，不敢在父母面前悲叹人生艰辛，怕他们担心。

古诗 低徊愧人子，不敢叹风尘。

白话 没有照顾好父母，他们有我不如没有。

古诗 惨惨柴门风雪夜，此时有子不如无。

白话 当了父母才知道，自己当年离开父母时，他们会有多担心。

古诗 思尔为雏日，高飞背母时。当时父母念，今日尔应知。

白话 多想报答父母的恩情啊！

古诗 谁言寸草心，报得三春晖。

白话 别等到父母不在的时候才来关心父母。

古诗 树欲静而风不止，子欲养而亲不待。

白话 想要给父母写一封家书，但是心情很复杂，不知道从何说起。

古诗 **洛阳城里见秋风，欲作家书意万重。**

白话 父母生养我太辛苦了！

古诗 **哀哀父母，生我劬劳。**

白话 不想让母亲担心，希望她身体健康。

古诗 **不须母烦忧，但愿母常安。**

白话 我的母亲是多么辛苦啊！

古诗 **凯风自南，吹彼棘心。棘心夭夭，母氏劬劳。**

白话 母爱没有报答，人生还有什么好追求的。

古诗 **母爱无所报，人生更何求！**

白话 大家都说要外出奋斗，但是真的不想离开母亲。

古诗 **世间尽道为官好，天下无如别母难。**

白话 爱惜自己，不要让父母担心。

古诗 **身体发肤，受之父母，不敢毁伤，孝之始也。**

白话 这些年过得不好，又让父母担心了，心情很复杂。

古诗 **枕上十年事，江南二老忧，都到心头。**

白话 小时候和母亲在一起的时光真快乐啊！

古诗 **十五彩衣年，承欢慈母前。**

白话 每次过节的时候都会想念家人。

古诗 独在异乡为异客，每逢佳节倍思亲。

白话 出门在外一定要告诉父母自己去了哪里，不要让他们担心。

古诗 父母在，不远游，游必有方。

白话 母亲离世了，我再也看不到她靠着门等我回家的情景了。

古诗 霜殒芦花泪湿衣，白头无复倚柴扉。

表达父母关心孩子

白话 我的孩子就是我的掌上明珠。

古诗 我有明珠一颗，照破青山万朵。

白话 孩子回家了，母亲很开心。

古诗 爱子心无尽，归家喜及辰。

白话 父母所做的一切，都是为了孩子啊！

古诗 殚竭心力终为子，可怜天下父母心。

白话 咿呀学话、贪玩小车的女儿真可爱！

古诗 见人初解语呕哑，不肯归眠恋小车。

白话 父母爱孩子就要为孩子做长远规划。

古诗 父母之爱子，则为之计深远。

白话 想孩子想到哭。

古诗 **暗中时滴思亲泪，只恐思儿泪更多。**

白话 这么晚父母一定在家里担心出门在外的我吧。

古诗 **想得家中夜深坐，还应说着远行人。**

白话 希望我的孩子没灾没病，一路平步青云。

古诗 **惟愿孩儿愚且鲁，无灾无难到公卿。**

白话 看到别人的孩子，就想起我的孩子还远在他乡。

古诗 **每思骨肉在天畔，来看野翁怜子孙。**

白话 好怜惜我出门在外的孩子啊！

古诗 **慈母倚门情，游子行路苦。**

白话 无论孩子走到哪里，父母总是关心他们。

古诗 **月明闻杜宇，南北总关心。**

白话 与孩子分别，是件多么伤心的事情啊！

古诗 **老母与子别，呼天野草间。**

白话 教孩子说话，为孩子洗衣服。

古诗 **喃喃教言语，一一刷毛衣。**

白话 老虎那么厉害，也怜惜自己的孩子。

古诗 **虎为百兽尊，谁敢触其怒。惟有父子情，一步一回顾。**

恩情 报君黄金台上意，提携玉龙为君死

感恩命中贵人

白话 感谢您的赏识，愿意为您服务。

古诗 **报君黄金台上意，提携玉龙为君死。**

白话 大恩无以为报，只能希望你前程似锦。

古诗 **今年何以报君恩，一路繁花相送过青墩。**

白话 我有今天的成就，全靠您的扶持啊！

古诗 **新竹高于旧竹枝，全凭老干为扶持。**

白话 报答您的恩情，是我日思夜想的事。

古诗 **惟将终夜长开眼，报答平生未展眉。**

白话 我心中还有报恩的想法，可惜自己前途未卜。

古诗 **犹有报恩方寸在，不知通塞竟何如。**

白话 为报恩，万死不辞。

古诗 **横戈从百战，直为衔恩甚。**

白话 如果我以后有出息了，绝不会忘记您今天的帮助。

古诗 他日见张禄，绨袍怀旧恩。

白话 感恩您不嫌弃我，赏识我，提携我。

古诗 自惭菲薄才，误蒙国士恩。

白话 承蒙您教导多年，我却还未报答！

古诗 微意何曾有一毫，空携笔砚奉龙韬。

表达自己要报恩

白话 承蒙你的恩惠，我会记住且报答的。

古诗 落其实者思其树，饮其流者怀其源。

白话 我要怎样报答你的恩情呢？

古诗 西风满天雪，何处报人恩。

白话 你的一点恩惠，我都会全力报答。

古诗 受人滴水之恩，必有涌泉之报。

白话 不知道该怎样报答你的恩情，心情惆怅。

古诗 未知天地恩何报，翻对江山思莫开。

白话 我对你的感激都在这杯酒里了。

古诗 报答春光知有处，应须美酒送生涯。

白话 我感恩你是真心的，不是为了谁的夸奖。

古诗 平生多感激，忠义非外奖。

白话 你给我一点善意，我都会报答。

古诗 投我以桃，报之以李。

报师恩

白话 一生都记得老师的恩情。

古诗 一朝沐杏雨，一生念师恩。

白话 人生艰难，老师的恩情，我现在还没报答。

古诗 我亦飘零久！十年来，深恩负尽，死生师友。

白话 永远记得老师的教诲。

古诗 忽遇文殊开慧眼，他年应记老师心。

白话 我一直都记得老师当年教我认字时的音容。

古诗 而今宛尔音容在，犹是当年问字时。

白话 老师品德高尚，如高山流水。

古诗 云山苍苍，江水泱泱，先生之风，山高水长！

闲情篇

悠然时光的细碎剪影

自然之美

我见青山多妩媚，料青山见我应如是

青山之美

白话 青山和我都很美！

古诗 我见青山多妩媚，料青山见我应如是。

白话 雪里的青山真美！

古诗 苍山负雪，明烛天南。

白话 山中云雾缭绕。

古诗 四山沉烟，星月在水。

白话 山上有树，水里有花。

古诗 山有扶苏，隰有荷华。

白话 远山连绵，山间白云缭绕，变幻莫测。

古诗 但远山长，云山乱，晓山青。

白话 大自然造就的山景很壮观。

古诗 造化钟神秀，阴阳割昏晓。

白话 我看见了山的倒影。

古诗 闲上山来看野水，忽于水底见青山。

白话 山里好寂静啊！

古诗 万籁生山，一星在水，鹤梦疑重续。

白话 山里有枫树，悬崖上长着花。

古诗 丹枫万叶碧云边，黄花千点幽岩下。

白话 山里有树有鸟。

古诗 万壑树参天，千山响杜鹃。

白话 我看见青山夹着一道河流。

古诗 两岸青山相对出，孤帆一片日边来。

白话 山掩映在云雾中，江水被白鹭洲分成两条河流

古诗 三山半落青天外，二水中分白鹭洲。

白话 半山腰有一座楼阁。

古诗 朝来初日半衔山，楼阁淡疏烟。

白话 月光下的江水更加空明澄澈。

古诗 落木千山天远大，澄江一道月分明。

白话 山前有白鹭，山中有流水。

古诗 西塞山前白鹭飞，桃花流水鳜鱼肥。

锦句琳琅诗意浓

白话 山好高啊！

古诗 **举手可近月，前行若无山。**

白话 我看见了泉水和小楼。

古诗 **山泉散漫绕阶流，万树桃花映小楼。**

白话 江河远去，两岸青山隐约可见。

古诗 **江流天地外，山色有无中。**

白话 水寒山静，满眼青山，明月当空。

古诗 **水寒江静，满目青山，载月明归。**

白话 山里的动植物都好悠闲。

古诗 **绿杨白鹭俱自得，近水远山皆有情。**

白话 山峰从每个角度看都不一样。

古诗 **横看成岭侧成峰，远近高低各不同。**

白话 雪后的山真漂亮！

古诗 **最爱东山晴后雪，软红光里涌银山。**

白话 山中云雾缭绕。

古诗 **白云回望合，青霭入看无。**

白话 山和云，如诗如画。

古诗 **青山霁后云犹在，画出东南四五峰。**

水之美

白话 白云自在舒卷，泉水从容奔流。

古诗 天平山上白云泉，云自无心水自闲。

白话 水面一会儿有波纹，一会儿平静。

古诗 卷地风来忽吹散，望湖楼下水如天。

白话 这片水太干净了。

古诗 素月分辉，明河共影，表里俱澄澈。

白话 水面有各种倒影。

古诗 漾漾带山光，澄澄倒林影。

白话 涨潮了，潮水与大海连成了一片。

古诗 春江潮水连海平，海上明月共潮生。

白话 不管是晴是雨，湖面都自有它的妙景。

古诗 水光潋滟晴方好，山色空蒙雨亦奇。

白话 花比火还红，春天的水面湛蓝湛蓝的。

古诗 日出江花红胜火，春来江水绿如蓝。

白话 山泉水真美啊！

古诗 明月松间照，清泉石上流。

白话 下过雨的水面和小舟很美。

古诗 春潮带雨晚来急，野渡无人舟自横。

白话 水面上的影子交相辉映。

古诗 疏影横斜水清浅，暗香浮动月黄昏。

白话 水面平静得像一面镜子。

古诗 湖光秋月两相和，潭面无风镜未磨。

月之美

白话 明月穿行在苍茫云海中。

古诗 明月出天山，苍茫云海间。

白话 月亮真明亮啊！

古诗 浮云卷霭，明月流光。

白话 月色既皎洁又清冷。

古诗 明明明月是前身。回头成一笑，清冷几千春。

白话 月光下的梨花像雪一样。

古诗 三更月，中庭恰照梨花雪。

白话 月中有一些倒影。

古诗 卷尽浮云月自明，中有山河影。

白话 月亮隐没在云里，云霞多变形成奇幻景象。

古诗 月下飞天镜，云生结海楼。

白话 月亮倒映在江面上，多美啊！

古诗 星垂平野阔，月涌大江流。

白话 山月和山鸟真美啊！

古诗 月出惊山鸟，时鸣春涧中。

白话 我们望着同一轮月亮，即使在天涯也觉得非常亲近。

古诗 海上生明月，天涯共此时。

白话 我们要长长久久，共同望着同一轮明月。

古诗 但愿人长久，千里共婵娟。

白话 秋天的月亮，别有一番景致。

古诗 一轮秋影转金波，飞镜又重磨。

白话 月亮映照在水里，好美啊！

古诗 天净水平寒月漾，水光月色两相兼。月映水中天。

白话 明月让人有凄凉之感。

古诗 一夜梨云空有梦，二分明月已如烟。

白话 月明千里，夕阳给云镶上了金边，影子缄默不语。

古诗 皓月千里，浮光跃金，静影沉璧。

夕阳之美

白话　落日的余晖像熔化的金子。

古诗　落日熔金，暮云合璧。

白话　远山随着日光流动而显得若隐若现。

古诗　秋水明落日，流光灭远山。

白话　即便到了晚上，霞光也很美。

古诗　莫道桑榆晚，为霞尚满天。

白话　落日余晖映照着，水和天都变成一个颜色。

古诗　落霞与孤鹜齐飞，秋水共长天一色。

白话　夕阳西下的时候，水天一色。

古诗　残霞明灭日脚沈，水面浮空天一色。

白话　落日的时候，大雁往回飞。

古诗　晚天长，秋水苍。山腰落日，雁背斜阳。

春日之美

白话　春天到来的时候景美，花香。

古诗　迟日江山丽，春风花草香。

白话 春风起时，花朵五颜六色。

古诗 **等闲识得东风面，万紫千红总是春。**

白话 梨花白的时候，春天就过了一半了。

古诗 **海棠未雨，梨花先雪，一半春休。**

白话 春天在卖花人的叫卖声中。

古诗 **小窗人静，春在卖花声里。**

白话 飞花和雨都如梦如幻。

古诗 **自在飞花轻似梦，无边丝雨细如愁。**

白话 春天有黄莺，还有风吹动的各种酒旗。

古诗 **千里莺啼绿映红，水村山郭酒旗风。**

白话 雨落花上，淡淡的感觉很美。

古诗 **疏疏一帘雨，淡淡满枝花。**

白话 春天草长莺飞。

古诗 **草长莺飞二月天，拂堤杨柳醉春烟。**

白话 春雨催开路边花，山间涌动着春光。

古诗 **春路雨添花，花动一山春色。**

白话 人在春光里更美丽了，月亮也一样。

古诗 **春到人间人似玉，灯烧月下月如银。**

白话 春天，万物刚发芽。

古诗 春犹浅，柳初芽，杏初花。

白话 花开了，出门全都是赏花的人。

古诗 若待上林花似锦，出门俱是看花人。

白话 清明时的雨和花，都太美了。

古诗 满眼游丝兼落絮，红杏开时，一霎清明雨。

白话 风中有花的香味，小雨为春天洗尘。

古诗 风传花信，雨濯春尘。

白话 春雨落尽，染绿了溪边新柳。

古诗 春雨足，染就一溪新绿。

白话 桃花开在春天里。

古诗 画楼春早，一树桃花笑。

白话 黄莺鸣叫的时候，是一年春光最好的时候。

古诗 莺初解语，最是一年春好处。

白话 花开在枝头热热闹闹的。

古诗 绿杨烟外晓寒轻，红杏枝头春意闹。

白话 暮春的风吹落了海棠和梨花。

古诗 满院东风，海棠铺绣，梨花飘雪。

白话 春天水池上有苔藓，叶子后面传来黄鹂鸣叫声。

古诗 池上碧苔三四点，叶底黄鹂一两声。日长飞絮轻。

白话 春天来的时候，草木是第一个知道的。

古诗 律回岁晚冰霜少，春到人间草木知。

白话 一年之中最美的就是这早春的景色，远胜过绿柳满城的春末。

古诗 最是一年春好处，绝胜烟柳满皇都。

白话 雪花嫌春天来得晚，所以化作飞花穿过庭院。

古诗 白雪却嫌春色晚，故穿庭树作飞花。

夏日之美

白话 月下开了好多荷花。

古诗 荷花十里，清风鉴水，明月天衣。

白话 夏天碧水中的倒影真的很漂亮！

古诗 绿树阴浓夏日长，楼台倒影入池塘。

白话 荷花开得真好。

古诗 叶上初阳干宿雨，水面清圆，一一风荷举。

白话 夏天坐在水边的小亭上，微微凉爽的感觉很舒服。

古诗 独坐水亭风满袖，世间清景是微凉。

白话 小池塘里开着荷花，满院飘香，再享用冰凉的蜜瓜和李子就会感到很凉爽。

古诗 风蒲猎猎小池塘，过雨荷花满院香，沉李浮瓜冰雪凉。

白话 夏天泛舟于碧波之上，快活像神仙。

古诗 谁羡骖鸾，人在舟中便是仙。

白话 夏天走在竹林深处，听到微微的虫鸣，没有风也很凉爽。

古诗 竹深树密虫鸣处，时有微凉不是风。

白话 老天同情那幽僻处的小草，让它在傍晚时得到阳光的照耀，人们也珍视这傍晚时分的晴朗天气。

古诗 天意怜幽草，人间重晚晴。

白话 夏天在山中听着鸟声，在窗下煮着一盏茶，别提有多惬意了。

古诗 山鸟数声帘影寂，松窗风递煮茶香。

白话 夏天莲叶一碧千里，荷花分外娇艳。

古诗 接天莲叶无穷碧，映日荷花别样红。

白话 梅雨停了，夏风起了，树上的蝉鸣也多了。

古诗 梅雨霁，暑风和。高柳乱蝉多。

白话 昨夜下雨了，天也凉了。

古诗 殷勤昨夜三更雨，又得浮生一日凉。

秋日之美

白话 秋天水面上淡淡的烟雾，非常有意境。

古诗 碧云天，黄叶地，秋色连波，波上寒烟翠。

白话 深秋的雨和风，都太美了。

古诗 深秋帘幕千家雨，落日楼台一笛风。

白话 秋色湖光令人心旷神怡。

古诗 满载一船秋色，平铺十里湖光。

白话 秋天的山和树都有别样的韵味。

古诗 树树皆秋色，山山唯落晖。

白话 菊花又黄又香。

古诗 冲天香阵透长安，满城尽带黄金甲。

白话 天上的星月都好美。

古诗 星月皎洁，明河在天。

冬日之美

白话 橙黄橘绿是一年中最美的时候。

古诗 一年好景君须记，最是橙黄橘绿时。

白话 雪花飘在人脸上融化了。

古诗 雪花飞暖融香颊。颊香融暖飞花雪。

白话 众多的山峦被雪覆盖，明月的光辉都显得稀薄了。

古诗 万山载雪，明月薄之。

白话 光照在雪花上，让人感觉冷冷的，照在花上就转暖了。

古诗 照雪光偏冷，临花色转春。

白话 好似春风吹来，雪花如梨花般开满枝头。

古诗 忽如一夜春风来，千树万树梨花开。

白话 月亮有冰雪的姿态，零零乱乱的。

古诗 婵娟冰雪姿，散乱风日影。

白话 人的操守应该像日月烟霜一样经历冰雪的寒冷考验。

古诗 日月弥坚冰雪操，烟霜不改岁寒姿。

白话 看雪的时候雪花落在我头上，就像我和梅花一起白头。

古诗 何时杖尔看南雪，我与梅花两白头。

白话 雪花看起来像是神仙把白云揉碎后洒下的。

古诗 应是天仙狂醉，乱把白云揉碎。

白话 雪把竹子都染成白色了。

古诗 六出飞花入户时，坐看青竹变琼枝。

白话 下雪的时候天地都是白色的。

古诗 雾凇沆砀，天与云与山与水，上下一白。

白话 飞雪也是花，但是和富贵花不一样，它不是温室里养大的。

古诗 别有根芽，不是人间富贵花。

白话 雪好像是仙人在天上吹下的花朵。

古诗 不知天上谁横笛，吹落琼花满世间。

白话 雪花像鹅毛一样。

古诗 天仙碧玉琼瑶，点点扬花，片片鹅毛。

白话 山间的雪和溪水都很漂亮！

古诗 云日明松雪，溪山进晚风。

江南之美

白话 水真绿啊，躺在船上听着雨睡觉，真舒适。

古诗 春水碧于天，画船听雨眠。

白话 江南可以采漂亮的莲花和莲叶。

古诗 江南可采莲，莲叶何田田。

白话 寺庙在烟雨朦胧中煞是好看。

古诗 南朝四百八十寺，多少楼台烟雨中。

白话 在船上睡觉，听着乌鸦啼叫。

古诗 月落乌啼霜满天，江枫渔火对愁眠。

白话 苏州每家人都在河边居住。

古诗 君到姑苏见，人家尽枕河。

白话 江南的水畔两岸有人家。

古诗 一江烟水照晴岚，两岸人家接画檐。

白话 江南春日的微风，吹得人心都醉了。

古诗 小桃灼灼柳鬖鬖，春色满江南。雨晴风暖烟淡，天气正醺酣。

白话 湖水和山峰交相辉映，秋有桂花飘香，夏有十里荷花！

古诗 重湖叠巘清嘉，有三秋桂子，十里荷花。

白话 江边的花比烈火还要鲜艳，水绿得胜过蓝草。

古诗 日出江花红胜火，春来江水绿如蓝。

草色之美

白话 燕地的小草很细，桑树也很茂密。

古诗 燕草如碧丝，秦桑低绿枝。

白话 牛羊藏在野草里。

古诗 天苍苍，野茫茫，风吹草低见牛羊。

白话 小草碧绿的颜色若隐若现。

古诗 天街小雨润如酥，草色遥看近却无。

白话 草色碧绿，一望无际。

古诗 红树青山日欲斜，长郊草色绿无涯。

白话 草色真绿啊！

古诗 草色青青柳色浓，玉壶倾酒满金钟。

柳色之美

白话 春风带着暖意，柳条轻盈多姿。

古诗 沾衣欲湿杏花雨，吹面不寒杨柳风。

白话 晚上的柳条和荷花都很漂亮。

古诗 雾柳暗时云度月，露荷翻处水流萤。

白话 我离开的时候，就看见依依杨柳，回来的时候天上下着雨雪。

古诗 昔我往矣，杨柳依依。今我来思，雨雪霏霏。

白话 下垂的柳条很美！

古诗 碧玉妆成一树高，万条垂下绿丝绦。

锦句琳琅诗意浓

白话 春天柳条细密、嫩绿、柔软。

古诗 **一树春风千万枝，嫩于金色软于丝。**

白话 新发的柳条是浅黄色的，垂在池塘里。

古诗 **柳条百尺拂银塘，且莫深青只浅黄。**

白话 桃花上还落着昨夜的雨，柳树掩映在烟雾缭绕中。

古诗 **桃红复含宿雨，柳绿更带朝烟。**

艺术之韵

丹青不知老将至，富贵于我如浮云

「写画」

白话 潜心画画到忘我境界，荣华富贵对于我如浮云。

古诗 丹青不知老将至，富贵于我如浮云。

白话 我和画像都是虚幻的，随着时间的流转会变成尘土。

古诗 我与丹青两幻身，世间流转会成尘。

白话 我画的松树跟真的一样。

古诗 画松一似真松树，且待寻思记得无。

白话 屏风上的仕女图褪色了。

古诗 屏风周昉画纤腰，岁久丹青色半销。

白话 我画月，画梅花，画松树，还画风。

古诗 半窗图画梅花月，一枕波涛松树风。

写书法

白话 张旭喝醉后写字一气呵成。

古诗 **张旭三杯草圣传，脱帽露顶王公前，挥毫落纸如云烟。**

白话 他写的字真有气势。

古诗 **酒为旗鼓笔刀槊，势从天落银河倾。**

白话 颜真卿的字筋骨强健如雄鹰。

古诗 **颜公变法出新意，细筋入骨如秋鹰。**

白话 《兰亭集序》虽然埋进土里了，但世间留有王羲之如龙腾般的字形。

古诗 **兰亭茧纸入昭陵，世间遗迹犹龙腾。**

白话 我的老师喝醉后，随随便便就写了好多字。

古诗 **吾师醉后倚绳床，须臾扫尽数千张。**

写琴

白话 在江上弹琴，感觉心都静了。

古诗 **江上调玉琴，一弦清一心。**

白话 琴声悠扬，好似风入松林。

古诗 **泠泠七弦上，静听松风寒。**

白话 他的琴弹得真棒啊！

古诗 蜀僧抱绿绮，西下峨眉峰。为我一挥手，如听万壑松。

白话 他弹琴的时候，周围一切都安静了下来。

古诗 一声已动物皆静，四座无言星欲稀。

白话 在明月之下听人弹琴。

古诗 闲夜坐明月，幽人弹素琴。

白话 他弹出的琴音非常有感情。

古诗 弦凝指咽声停处，别有深情一万重。

白话 在月下山间弹琴。

古诗 松风吹解带，山月照弹琴。

白话 在山水之间欣赏琴音。

古诗 当时暗水和云泛酒，空山留月听琴。

白话 弹琴的时候，有明月和酒陪伴着我。

古诗 高山流水琴三弄，明月清风酒一樽。

白话 知音并不在于高山流水之间，而在于心意相通。

古诗 流水高山不在琴，无声那得有知音。

白话 在月下花间弹琴。

古诗 手舞石上月，膝横花间琴。

白话 共享喝酒的乐趣，偶然弹出好听的琴声。

古诗 达是酒中趣，琴上偶然音。

白话 明月和白云都在听我弹琴。

古诗 促轸乘明月，抽弦对白云。

白话 在流水和月下弹琴，多惬意。

古诗 一弹流水一弹月，水月风生松树枝。

写棋

白话 在春天里喝酒，在夏天里下棋。

古诗 樽酒乐余春，棋局消长夏。

白话 我又开开心心下了一局棋。

古诗 悠然笑向山僧说，又得浮生一局棋。

白话 被下棋声吵醒了。

古诗 碧纱窗下水沉烟，棋声惊昼眠。

白话 人世复杂，也像棋局那样变幻不定。

古诗 人事三杯酒，流年一局棋。

白话 从棋里能看见历史的变迁。

古诗 白头灯影凉宵里，一局残棋见六朝。

白话 下完一局棋，不知道人世的变化，酒醒了就想家了。

古诗 棋罢不知人换世，酒阑无奈客思家。

白话 下棋的时候没看见人，但可以听见落棋子的声音。

古诗 映竹无人见，时闻下子声。

白话 下完棋之后指尖是凉的，但茶还没有喝完。

古诗 宝鼎茶闲烟尚绿，幽窗棋罢指犹凉。

旅行之趣 此时情绪此时天，无事小神仙

白话 现在悠闲得像神仙一样快乐。

古诗 此时情绪此时天。无事小神仙。

白话 人生就像旅店，我也是路上的行人。

古诗 人生如逆旅，我亦是行人。

白话 看花喝酒唱歌，人间值得。

古诗 看花吃酒唱歌去，如此风流有几人。

白话 一路跟随流水，看看也逛逛。

古诗 一路缘溪花覆水，不妨闲看不妨行。

白话 我来人世间就是为了四处游历。

古诗 我自人间漫浪，平生事、南北西东。

白话 天气晴朗，在外游览，我感觉绿草比花还漂亮。

古诗 晴日暖风生麦气，绿阴幽草胜花时。

白话 我要乘着清风出去旅游。

古诗 **乘风好去，长空万里，直下看山河。**

白话 事已至此，先享乐吧，别管那些忧愁的事情了。

古诗 **唤取笙歌烂熳游。且莫管闲愁。**

白话 这么多名胜古迹，就是给我观赏的。

古诗 **江山留胜迹，我辈复登临。**

白话 今天适合饮酒、游览、睡觉。

古诗 **而今何事最相宜，宜醉宜游宜睡。**

白话 春天出游，花都落到我头上了。

古诗 **春日游，杏花吹满头。**

白话 打工太久，要接触大自然。

古诗 **久在樊笼里，复得返自然。**

白话 江南太美了，想来养老。

古诗 **人人尽说江南好，游人只合江南老。**

白话 有闲适时间真好啊！

古诗 **因过竹院逢僧话，偷得浮生半日闲。**

白话 春风里，人潮汹涌，车马络绎不绝，有花有月。

古诗 **还似旧时游上苑，车如流水马如龙。花月正春风。**

白话 闲来无事，看看白云也好。

古诗 闲行观止水，静坐看归云。

白话 旅行的时候看看树的颜色，再听听歌声。

古诗 隔江看树色，沿月听歌声。

白话 看万家灯火，再看星河，感觉心境都开阔了。

古诗 灯火万家城四畔，星河一道水中央。

白话 看着山里的一片绿色，我的心都安静平和下来了。

古诗 日暮春山绿，我心清且微。

白话 水里的星光像火一样星星点点。

古诗 星光全在水，渔火欲浮天。

白话 闲来无事，坐在游船里漫行，闲适时光真开心。

古诗 临溪放艇依山坐，溪鸟山花共我闲。

白话 我要在山里游玩，逍遥自在。

古诗 溪山作伴，云月为俦。但乐清闲，乐自在，乐优游。

白话 山中景色美不胜收，直到深夜我还流连忘返。

古诗 春山多胜事，赏玩夜忘归。掬水月在手，弄花香满衣。

白话 一路上看雨后青松，跟随着山找到了水源。

古诗 过雨看松色，随山到水源。

白话 游玩要主打一个兴致。

古诗 即玩玩有竭，在兴兴无已。

白话 想归隐山林，不想在这万丈红尘中煎熬了。

古诗 共作云山侣，俱辞世界尘。

白话 今天适合看花啊！

古诗 正是看花天气。为春一醉。

白话 人间的大好景色，闲适的人才能观赏啊。

古诗 江山风月，本无常主，闲者便是主人。

白话 晚上我顶着月色从山上下来。

古诗 暮从碧山下，山月随人归。

白话 我出去旅游啦，游玩在云水之间。

古诗 云千重，水千重，身在千重云水中。

白话 今天风景真好啊，水绿山明。

古诗 今日云景好，水绿秋山明。

白话 天大地大，任我逍遥自在地游玩。

古诗 白云满地江湖阔，著我逍遥自在行。

闲适时光

慢品人间烟火色，闲观万事岁月长

白话 人生就是要享受人间烟火，惬意无比。

古诗 慢品人间烟火色，闲观万事岁月长。

白话 住在山中，酿酒喝茶，实在是太悠闲了。

古诗 山中何事？松花酿酒，春水煎茶。

白话 人生最快乐的事是吃好吃的。

古诗 雪沫乳花浮午盏，蓼茸蒿笋试新盘。人间有味是清欢。

白话 半醉半醒着度过这样的日子，看着花开花落，一年又一年。

古诗 半醒半醉日复日，花落花开年复年。

白话 笑着出门去，遇见了风中的繁花。

古诗 一笑出门去，千里落花风。

白话 在白云青山中喝酒。

古诗 白云来往青山在，对酒开怀。

白话 喝酒、吟诗，悠闲过一生，多快乐！

古诗 只消闲处过平生。酒杯秋吸露，诗句夜裁冰。

白话 有明月，有清风。

古诗 半溪明月，一枕清风。

白话 羡慕青山和白鹤没有世间的心机。

古诗 羡青山有思，白鹤忘机。

白话 趁着我还没老，尽情享受生活吧！

古诗 且趁闲身未老，尽放我、些子疏狂。

白话 遇事要淡定，要宠辱不惊。

古诗 宠辱不惊，闲看庭前花开花落；去留无意，漫随天外云卷云舒。

白话 一觉睡到大中午，真是畅快啊。

古诗 物外翛然无个事，日上三竿犹更眠。

白话 一觉睡到大中午，谁还能过我这样的神仙日子！

古诗 日上三竿我独眠，谁是神仙？我是神仙。

白话 不管是明月还是清风，都不如我呼呼大睡一觉。

古诗 花间明月，松下凉风，输我北窗一枕。

白话 山中睡觉真令人开心啊！

古诗 半篙春水一蓑烟，抱月怀中枕斗眠。

白话 风聚起浪花，如同星光，令人心旷神怡。

古诗 **微微风簇浪，散作满河星。**

白话 年老了也要浪迹江湖，像浮云一样自由洒脱。

古诗 **浪迹江湖白发新，浮云一片是吾身。**

白话 没什么事的时候，就一觉睡到大中午吧！

古诗 **闲来无事不从容，睡觉东窗日已红。**

白话 我和我的猫宅在暖洋洋的家中很快乐。

古诗 **溪柴火软蛮毡暖，我与狸奴不出门。**

白话 在山水中闲坐，听着风雨入眠。

古诗 **看山看水独坐，听风听雨高眠。**

白话 在外露营，听着风，煮点茶。

古诗 **竹床纸帐清如水，一枕松风听煮茶。**

白话 在清风与明月中微醺。

古诗 **醒来明月，醉后清风。**

白话 面前摆着酒和琴，而我在看云。

古诗 **对一张琴，一壶酒，一溪云。**

白话 风吹得我真舒服！

古诗 **一点浩然气，千里快哉风。**

白话 看花听禅，美到令人失语。

古诗 溪花与禅意，相对亦忘言。

白话 我的心悠闲得像清澈的湖水一样。

古诗 我心素已闲，清川澹如此。

白话 人要以闲适的心情看花看水。

古诗 花将色不染，水与心俱闲。

白话 好开心啊，什么时候还有这种闲情逸致就好了。

古诗 且陶陶、乐尽天真。几时归去，作个闲人。

白话 及时行乐！

古诗 休对故人思故国，且将新火试新茶。诗酒趁年华。

白话 和朋友聊天，再泡杯茶。

古诗 清谈半窗月，澹坐一杯茶。

白话 一觉睡醒无事，闲看儿童嬉戏打闹。

古诗 日长睡起无情思，闲看儿童捉柳花。

白话 人能自给自足就已经很满足了，心一闲天地都宽了。

古诗 道在箪瓢端自足，心闲天地本来宽。

白话 外面风雨交加，我在呼呼大睡。

古诗 人生难得秋前雨，乞我虚堂自在眠。

白话 吃酒喝茶，做个闲人。

古诗 茶一碗，酒一尊，熙熙天地一闲人。

白话 心里没什么太强的欲望，些许懒散又怎么样。

古诗 不拟人间更求事，些些疏懒亦何妨。

白话 我就随性跳舞，无拘无束。

古诗 自歌自舞自开怀，且喜无拘无碍。

白话 希望我每天快快乐乐的，容颜永驻。

古诗 愿朱颜不改常依旧，花中消遣，酒内忘忧。

白话 人老了就不喜欢管闲事了。

古诗 晚年唯好静，万事不关心。

治愈篇

沉浸于内心的平和之境

心灵慰藉

与谁同坐？明月、清风、我

白话 和明月清风在一起。

古诗 与谁同坐？明月、清风、我。

白话 醉在船上，仰望星辰。

古诗 醉后不知天在水，满船清梦压星河。

白话 人活着主打一个随心。

古诗 万物各有适，人生且随缘。

白话 人活着顺其自然就好，兴起了就走，累了就睡。

古诗 听风听雨都有味，健来即行倦来睡。

白话 没什么开心，也没什么不开心的，人生自由最好。

古诗 陶然无喜亦无忧。人生且自由。

白话 人这一辈子，枕清风入眠，饮浊酒千杯足矣。

古诗 人生事，清风一枕，浊酒千杯。

白话 有花有酒，泛舟而上，多自由。

古诗 花满渚，酒满瓯，万顷波中得自由。

白话 人要自由自在。

古诗 风月平生意，江湖自在身。

白话 自给自足，朴素率真就好。

古诗 傲然自足，抱朴含真。

白话 人活着就要像浮云一样自由自在。

古诗 浮云出处元无定，得似浮云也自由。

白话 有酒就开怀畅饮吧，人生本来就短暂。

古诗 遇酒且呵呵，人生能几何。

白话 心安的地方就是我的家。

古诗 我生本无乡，心安是归处。

白话 和松树竹子做朋友，和花鸟做兄弟。

古诗 一松一竹真朋友，山鸟山花好弟兄。

白话 喝酒吧，不要追名逐利了。

古诗 且乐杯中物，谁论世上名。

白话 住在山里，多惬意。

古诗 住山不记年，看云即是仙。

白话 大家都觉得我的生存环境恶劣，但是没人知道，我的心特别安定。

古诗 试问岭南应不好，却道：此心安处是吾乡。

白话 饮酒尽兴后，还是要投身世俗。

古诗 酒酣白日暮，走马入红尘。

白话 心静的人，看世间万物都觉得有兴致。

古诗 万物静观皆自得，四时佳兴与人同。

白话 不要多管闲事，能吃能睡就好。

古诗 世事浮云何足问，不如高卧且加餐。

白话 能钓鱼能喝酒，世上像我一样快乐的有几个人。

古诗 一壶酒，一竿身，快活如侬有几人。

白话 想看书又懒得翻。

古诗 松阴一架半弓苔，偶欲看书又懒开。

白话 什么时候能一觉睡到有人喊我吃饭呢？

古诗 何时得遂田园乐，睡到人间饭熟时。

白话 我老了，现在特别自由，心里没有愧疚，逍遥度日。

古诗 老身今自由。心无疚，随意度春秋。

白话 现在有花有月，可惜没有酒，也没有人陪我。

古诗 纵使有花兼有月，可堪无酒又无人。

白话 心干净的人看什么都干净。

古诗 一念心清净，处处莲花开。

白话 人要像莲花一样，心不要被世俗污染。

古诗 看取莲花净，应知不染心。

白话 极简生活。

古诗 眼前无长物，窗下有清风。

白话 人活一辈子跟做梦一样，所以不要再抱怨发牢骚了。

古诗 须信百年都似梦，莫嗟万事不如人。

白话 看淡点，不要焦虑。

古诗 放开怀抱不须焦。万事付之一笑。

白话 明天就是我的新生。

古诗 从前种种，譬如昨日死；从后种种，譬如今日生。

白话 与人生的风雨握手言和。

古诗 竹杖芒鞋轻胜马，谁怕？一蓑烟雨任平生。

白话 不管生活遇到什么风浪，保持平和的心态，不要欣喜，也不要害怕。

古诗 纵浪大化中，不喜亦不惧。

白话 我们要及时行乐，忘掉世间三千烦恼。

古诗 我醉君复乐，陶然共忘机。

白话 修炼一颗干净的心。

古诗 心如莲花不着水，身似孤云行太虚。

白话 对人间诸事不要太计较，要活在当下。

古诗 莫思身外无穷事，且尽生前有限杯。

白话 人要逍遥自在生活，随心随性。

古诗 月下风前，逍遥自在，兴则高歌困则眠。

白话 外面风雨交加，我自怡然酣睡，还做了好梦。

古诗 竹斋眠听雨，梦里长青苔。

白话 桃花能解人忧愁。

古诗 桃花也解愁，点点飘红玉。

白话 月光与雪交相辉映。

古诗 吹灯窗更明，月照一天雪。

白话 青牛卧在花上，白鹤在松树上睡觉。

古诗 花暖青牛卧，松高白鹤眠。

温暖治愈

我有十万八千梦，静待人间一两风

白话 要安静平和的，等待机会来实现梦想。

古诗 我有十万八千梦，静待人间一两风。

白话 亲近自然，不与世俗同流合污。

古诗 羽衣常带烟霞色，不染人间桃李花。

白话 和明月清风在一起。

古诗 与谁同坐？明月清风我。

白话 我不愿意追名逐利。

古诗 但愿老死花酒间，不愿鞠躬车马前。

白话 愿我的内心干净美好。

古诗 愿我六根常寂静，心如宝月映琉璃。

白话 我已经看透世事，现在无比悠然。

古诗 世路如今已惯，此心到处悠然。

白话 我要远离是非，去一个春暖花开的地方生活。

古诗 **远是非，寻潇洒。地暖江南燕宜家。**

白话 我们的心灵要像江水和无云的天一样干净。

古诗 **千江有水千江月，万里无云万里天。**

白话 有诗有酒，日子快活似神仙。

古诗 **平生诗与酒，自得会仙家。**

白话 我现在的心情非常悠闲，无牵无挂。

古诗 **自觉此心无一事，小鱼跳出绿萍中。**

白话 要学会等待。

古诗 **待他自熟莫催他，火候足时他自美。**

白话 在山下采菊花，悠然间，南山映入眼帘。

古诗 **采菊东篱下，悠然见南山。**

白话 与大自然亲密接触。

古诗 **朝饮花上露，夜卧松下风。**

白话 在风雨声中安睡。

古诗 **卧迟灯灭后，睡美雨声中。**

白话 看花看草，忘记了时间。

古诗 **细数落花因坐久，缓寻芳草得归迟。**

白话 弹琴鼓瑟，岁月静好。

古诗 琴瑟在御，莫不静好。

白话 我为美好事物倾心，看淡时光流逝、容颜衰老。

古诗 一笑千场醉，浮生任白头。

白话 春日处处皆美景。

古诗 春来遍是桃花水，不辨仙源何处寻。

白话 我在明月之下采花。

古诗 走马月明中。折芙蓉。

白话 明月照见我的心如冰雪一样透明，我的胸襟如百川融汇奔流般宽广。

古诗 换起一天明月，照我满怀冰雪，浩荡百川流。

白话 我看见灵动的飞鸟，又看见散发着香气的荷花。

古诗 翻空白鸟时时见，照水红蕖细细香。

白话 庭院中柳树下微风轻轻，静悄悄的，人们就在这白天里安然入睡。

古诗 柳庭风静人眠昼，昼眠人静风庭柳。

白话 湖里的荷花在夕阳下好美啊！

古诗 四面垂杨十里荷，问云何处最花多。画楼南畔夕阳和。

白话 在下雨的夜里呀，山中的果子被雨水打落，掉在地上发出声响，屋里灯光下，虫子不停地鸣叫。

古诗 雨中山果落，灯下草虫鸣。

白话 每天都尽情饮酒，看花儿盛开。

古诗 日日深杯酒满，朝朝小圃花开。

白话 要尽情地去感受生活、享受生活，珍惜每一个美好的瞬间。

古诗 逢酒醉，遇花吟，日登临。四时无限，好景良辰，莫负光阴。

音乐疗愈

谁家玉笛暗飞声，散入春风满洛城

白话 这首曲子太好听了！

古诗 此曲只应天上有，人间能得几回闻。

白话 我听这支曲，不知不觉听到晚上。

古诗 客心洗流水，余响入霜钟。不觉碧山暮，秋云暗几重。

白话 这个琴声弹得丰富多变，真是美妙！

古诗 嘈嘈切切错杂弹，大珠小珠落玉盘。

白话 听你弹琵琶，就像听神仙奏乐一样。

古诗 今夜闻君琵琶语，如听仙乐耳暂明。

白话 这首歌令我回味无穷。

古诗 而余音绕梁，三日不绝。

白话 真是一曲动听的笛声啊！

古诗 谁家玉笛暗飞声，散入春风满洛城。

白话 乐声奇妙独特，既有音色交融之感，又极具感染力。

古诗 乍听丝声似竹声，又疑丹穴九雏惊。

白话 玉笛营造出清冷的氛围。

古诗 黄鹤楼中吹玉笛，江城五月落梅花。

白话 乐音清脆、婉转、悲切、欢快，非常多变且具有感染力。

古诗 昆山玉碎凤凰叫，芙蓉泣露香兰笑。

白话 这段乐曲真是让人沉浸其中。

古诗 曲罢不知人在否，余音嘹亮尚飘空。

白话 听了这乐曲，我都思乡了。

古诗 此夜曲中闻折柳，何人不起故园情。

白话 弹奏者技艺精湛，奏出如金玉般清脆美妙的声音。

古诗 秀指十三弦上，挑吟击玉锵金。

白话 曾经有美好的音乐相伴的场景已不在，如今只剩冷清、落寞了。

古诗 玉琴声悄悄，鸾镜尘幂幂。

白话 听琴和读书是人间最优雅的事情。

古诗 从此静窗闻细韵，琴声长伴读书人。

白话 这段笛声非常哀怨，让人肝肠寸断。

古诗 吹笛秋山风月清，谁家巧作断肠声。

书籍滋养

心有半亩花田，藏于俗世人间

白话 我在喧嚣俗世中坚持读书。

古诗 心有半亩花田，藏于俗世人间。

白话 靠在枕头上随意翻翻诗书，在这悠闲的时光里感觉格外美好；家门前的景色呢，在下雨的时候更是显得别有一番韵味。

古诗 枕上诗书闲处好，门前风景雨来佳。

白话 几间简陋的茅屋悠闲地依傍着水边，在秋天的夜晚，点起一盏灯，静静地在灯下读书。

古诗 数间茅屋闲临水，一盏秋灯夜读书。

白话 内在比外表重要。

古诗 粗缯大布裹生涯，腹有诗书气自华。

白话 在平淡的生活中以读书来慰藉心灵、充实自己。

古诗 俯仰之间已陈迹，暮窗归了读残书。

白话 长时间不读书，人就会变得精神萎靡。

古诗 一月不读书，耳目失精爽。

白话 沉浸读书时忘却时间流逝。

古诗 读书不觉已春深，一寸光阴一寸金。

白话 读书可以滋养人的精神。

古诗 鱼离水则身枯，心离书则神索。

白话 做学问要勤奋刻苦、持之以恒，需要长期积累和付出，不要期望轻易就能取得成果。

古诗 古人学问无遗力，少壮工夫老始成。

白话 读书的好处多，能让人收获各种宝贵的东西。

古诗 娶妻莫恨无良媒，书中自有颜如玉。

白话 人要靠自身勤奋苦读、积累学识，去追求富贵，成就一番事业。

古诗 富贵必从勤苦得，男儿须读五车书。

白话 沉浸于读书，以书为伴度过漫长岁月。

古诗 万卷古今消永日，一窗昏晓送流年。

白话 浏览过无数的文字后，心里便没有了丝毫世俗的杂念。

古诗 眼前直下三千字，胸次全无一点尘。

白话 好书要反复研读，只有这样才能真正理解书中蕴含的深意。

古诗 旧书不厌百回读，熟读深思子自知。

白话 有十亩宽广的平静湖面，还有三亩大的宅院，在夜晚，床上照着明亮的月光，旁边还摆放着半床的书籍。

古诗 十亩平湖三亩宅，一床明月半床书。

白话 人要善于从自然万物中发现美好、汲取灵感。

古诗 好鸟枝头亦朋友，落花水面皆文章。

白话 读书能让人获得纯粹的精神愉悦，体会源于内心、契合天地的快乐。

古诗 读书之乐何处寻，数点梅花天地心。

白话 我要专注读书、享受读书。

古诗 是非不入松风耳，花落花开只读书。

白话 只有读大量的书，才能在写作时得心应手。

古诗 读书破万卷，下笔如有神。

白话 年轻人要珍惜年少时光，勤奋读书，莫等老了才后悔。

古诗 黑发不知勤学早，白首方悔读书迟。

白话 虽然生活条件艰苦，但依然要坚持读书。

古诗 昨日邻家乞新火，晓窗分与读书灯。

白话 我们要以古人为榜样，勤奋读书，不怕吃苦，通过学习来实现自己的志向。

古诗 男儿立志需稽古，莫厌灯前读书苦。

白话 与朋友共同读书、探讨难题。

古诗 **奇文共欣赏，疑义相与析。**

白话 我们要向长辈学习，既要注重内心修养也要学习知识。

古诗 **因依老宿发心初，半学修心半读书。**

白话 为中华之崛起而读书。

古诗 **非侠非狂非逸民，读书谋国不谋身。**

白话 刚开始读书的时候，总是埋怨时光过得太快了，等到领悟了书中的道理，才发觉这世间的功名利禄、世俗之事都是虚幻不实的，自己的身世过往也没那么重要了。

古诗 **读书初恨岁时速，闻道始知身世空。**

白话 读书的目的在于自我内心的满足和精神的滋养，而非追求外在的名声。

古诗 **读书取适心，名誉非所攀。**

白话 我以前读书很刻苦。

古诗 **往昔志读书，苦心过聚萤。**

白话 读书要有更高尚的目的，要心怀天下，为社会发展贡献力量，而不是只图个人私利。

古诗 **读书有用须济时，莫止觅官求富贵。**

励志篇

心之所向，素履以往

志存高远

少年应有鸿鹄志，当骑骏马踏平川

写爱国报国

白话 不打赢这场仗，战士绝不回家。

古诗 黄沙百战穿金甲，不破楼兰终不还。

白话 我要报效国家。

古诗 忘身辞凤阙，报国取龙庭。

白话 报效国家不计较个人得失。

古诗 苟利国家生死以，岂因祸福避趋之？

白话 战胜敌人。

古诗 壮志饥餐胡虏肉，笑谈渴饮匈奴血。

白话 收复失地的心到死都坚定。

古诗 男儿到死心如铁，看试手，补天裂。

白话 虽然自身难保，但也想着报效祖国。

古诗 僵卧孤村不自哀，尚思为国戍轮台。

白话 要上阵杀敌。

古诗 **只解沙场为国死，何须马革裹尸还。**

白话 要把自己的一切奉献给祖国。

古诗 **寄意寒星荃不察，我以我血荐轩辕。**

白话 虽然地位低微，但从来不敢忘记为国家担忧，事情到底怎么样，还得等到盖棺定论的时候才知道。

古诗 **位卑未敢忘忧国，事定犹须待阖棺。**

白话 为了挽救国家于危难之际，我可以牺牲生命！

古诗 **捐躯赴国难，视死忽如归！**

白话 活着的时候应当做人中豪杰，死了之后也要做鬼里的英雄。

古诗 **生当作人杰，死亦为鬼雄。**

白话 要为祖国平定边疆。

古诗 **愿将腰下剑，直为斩楼兰。**

白话 只要有像龙城飞将那样的将领在，就不会让敌人的骑兵越过阴山来侵犯我们。

古诗 **但使龙城飞将在，不教胡马度阴山。**

白话 只希望这一生能够长久地报效国家，失去生命也无妨。

古诗 **愿得此身长报国，何须生入玉门关。**

白话 我能磊落地报效国家，气势就像昆仑山一样雄伟。

古诗 **我自横刀向天笑，去留肝胆两昆仑。**

白话 谁能挽救危局，扶大厦于将倾？

古诗 **楚虽三户能亡秦，岂有堂堂中国空无人？**

白话 要让自己的气节永垂青史。

古诗 **人生自古谁无死？留取丹心照汗青。**

白话 如果失地收复了，请一定要告诉我。

古诗 **王师北定中原日，家祭无忘告乃翁。**

白话 回忆以前驰骋沙场时，威猛非凡。

古诗 **想当年，金戈铁马，气吞万里如虎。**

白话 如果世间万物都遵循自然的大道，天下就会安宁平静。

古诗 **天地皆得一，澹然四海清。**

白话 希望天下太平。

古诗 **河清海晏，时和岁丰。**

白话 国家的兴盛和衰亡，每一个普通百姓都有责任。

古诗 **天下兴亡，匹夫有责。**

白话 我们最终应当把对父母的孝顺之情转化为对国家的忠诚，为国家扭转艰难的局势。

古诗 **终当移孝作忠臣，为我国家扶厄运。**

白话 就算是女子，我也要上阵杀敌，建立功勋。

古诗 露宿风餐誓不辞，饮将鲜血代胭脂。

白话 无时无刻不想收复失地，想秣马厉兵，报效祖国。

古诗 醉里挑灯看剑，梦回吹角连营。八百里分麾下炙，五十弦翻塞外声，沙场秋点兵。

白话 要为国家驱除外敌。

古诗 愿斩单于首，长驱静铁关。

写建功立业

白话 男儿立志收复失地。

古诗 男儿何不带吴钩，收取关山五十州。

白话 我立志要帮助君王完成统一大业，青史留名。

古诗 了却君王天下事，赢得生前身后名。

白话 不放走一个敌人！

古诗 汉家旌帜满阴山，不遣胡儿匹马还。

白话 建功立业的功臣们永垂不朽。

古诗 凌烟功臣少颜色，将军下笔开生面。

白话 当年单枪匹马驻守边疆，建功立业。

古诗 当年万里觅封侯，匹马戍梁州。

白话 少年人应该建功立业，为国家不辞辛苦。

古诗 少时陈力希公侯，许国不复为身谋。

白话 女人不爱红妆，爱建功立业。

古诗 丁香结子芙蓉绦，不系明珠系宝刀。

白话 不为国家收复失地，绝不回家！

古诗 未收天子河湟地，不拟回头望故乡。

写理想抱负

白话 少年要有志向，也要有少年意气。

古诗 少年应有鸿鹄志，当骑骏马踏平川。

白话 要做那个最棒的！

古诗 会当凌绝顶，一览众山小。

白话 少年应当志向高远，不能总是顾念着自身的困苦而唉声叹气。

古诗 少年心事当拏云，谁念幽寒坐呜呃。

白话 未来，一定会实现理想。

古诗 长风破浪会有时，直挂云帆济沧海。

白话 要为世间确立精神价值，为百姓指明安身立命之道，传承前人的学问，开创长久的太平盛世。

古诗 为天地立心，为生民立命，为往圣继绝学，为万世开太平。

白话 要坚持走下去，一展抱负。

古诗 我欲穿花寻路，直入白云深处，浩气展虹霓。

白话 上天赋予我的才能肯定有用，就算把千两黄金都花光了，还能再挣回来。

古诗 天生我材必有用，千金散尽还复来。

白话 人一定要施展远大的抱负。

古诗 男儿不展风云志，空负天生八尺躯。

白话 大海到了尽头，那天空就是它的岸；登上最高峰的山，我就是那最高峰。

古诗 海到尽头天作岸，山登绝顶我为峰。

白话 人虽渺小，但能活出不凡。

古诗 苔花如米小，也学牡丹开。

白话 少年人身上有着豪迈的气概，奋发有为的时候总会到来。

古诗 少年负壮气，奋烈自有时。

白话 莫欺少年穷。

古诗 宣父犹能畏后生，丈夫未可轻年少。

白话 立下志向要坚定不移而不是急于求成，取得成功的关键在于长久坚持。

古诗 **立志欲坚不欲锐，成功在久不在速。**

白话 青山气势不凡，配得上我。

古诗 **青山意气峥嵘。似为我归来妩媚生。**

白话 人要积极进取。

古诗 **愿为出海月，不作归山云。**

白话 男儿志在四方。

古诗 **丈夫志四海，万里犹比邻。**

白话 人怎么能被压抑呢？时机一到，我就要展现光彩。

古诗 **岂堪久蔽苍苍色，须放三光照九州。**

白话 借助外力去实现高远目标。

古诗 **好风凭借力，送我上青云。**

白话 真希望所有人都能过上好日子！

古诗 **安得广厦千万间，大庇天下寒士俱欢颜！风雨不动安如山。**

白话 我的志向不会改变。

古诗 **我心匪石情难转，志夺秋霜意不移。**

白话 就算时运不济，我的雄心壮志也不会改变。

古诗 **壮心感此孤剑鸣，沉火在灰殊未灭。**

白话 职业没有高低贵贱之分，志向应当坚定，男子汉要有追求，怎么能贪图安逸？

古诗 **业无高卑志当坚，男儿有求安得闲。**

白话 从现在开始就要崭露头角、一鸣惊人，心怀高远的志向，期望能与那云霄之上的美好事物相媲美。

古诗 **一鸣从此始，相望青云端。**

白话 知道你志向远大，有朝一日能超过像鸿鹄一样志存高远的人。

古诗 **知君志不小，一举凌鸿鹄。**

白话 我光明磊落有志气，也有勇气去追求理想。

古诗 **磊落平生志，破浪去乘风。**

白话 你只要努力，必定能脱颖而出。

古诗 **纵横逸气宁称力，驰骋长途定出群。**

白话 哪怕历经无数次磨难、被不断地打击消磨，那豪迈的意气依然会直冲云天。

古诗 **任君千度剥，意气自冲天。**

白话 少年志向是建功立业。

古诗 **画凌烟，上甘泉。自古功名属少年。**

白话 比起赚钱，男儿更想建功立业。

古诗 **男儿欲画凌烟阁，第一功名不爱钱。**

白话 希望荡平敌寇。

古诗 **封侯非我意，但愿海波平。**

白话 少年的时候，认为自己是天下第一。

古诗 **须知少日拏云志，曾许人间第一流。**

写自信自强

白话 我岂是平凡之辈？

古诗 **仰天大笑出门去，我辈岂是蓬蒿人。**

白话 大好的时光适合去拼搏奋斗。

古诗 **青光好去莫惆怅，必斩长鲸须少壮。**

白话 站在高处的话，就不会有人遮挡你的视线了。

古诗 **不畏浮云遮望眼，自缘身在最高层。**

白话 磨难和打击，都不会击垮我。

古诗 **千磨万击还坚劲，任尔东西南北风。**

白话 艰难困苦不会改变我。

古诗 **月缺不改光，剑折不改刚。**

白话 我感到自己很高大豪迈。

古诗 **长剑横九野，高冠拂玄穹。**

白话 骑马奔驰射箭，潇洒豪迈的气度能和古人齐肩。

古诗 戏马台南追两谢，驰射，风流犹拍古人肩。

白话 没能见到古时那些杰出的人物我并不感到遗憾，只遗憾那些人物没能见到我这般张狂豪放的样子。

古诗 不恨古人吾不见，恨古人不见吾狂耳。

白话 我的志向是著书立说。

古诗 我志在删述，垂辉映千春。

白话 走自己的路，让别人说去吧！

古诗 旁观拍手笑疏狂。疏又何妨，狂又何妨？

白话 写了上万首诗，喝了上千杯酒，我什么时候把那些王侯将相放在眼里过？

古诗 诗万首，酒千觞，几曾着眼看侯王？

白话 豪迈的壮志并没有随着年龄的增长而衰退，即便死去了，也要做鬼中的英雄豪杰。

古诗 壮心未与年俱老，死去犹能作鬼雄。

白话 好的平台能让大家大展宏图。

古诗 海阔凭鱼跃，天高任鸟飞。

白话 苦中作乐。

古诗 莫嫌荦确坡头路，自爱铿然曳杖声。

白话 银色的马鞍映照在白色的马身上，骏马奔驰起来轻快矫健，如同流星划过一般。

古诗 银鞍照白马，飒沓如流星。

写英勇无畏

白话 总有一天能实现理想。

古诗 长风破浪会有时，直挂云帆济沧海。

白话 依靠自身力量就能有所成就。

古诗 自能成羽翼，何必仰云梯。

白话 我年少时豪迈无畏。

古诗 少年恃险若平地，独倚长剑凌清秋。

白话 满屋子的鲜花让众多宾客沉醉，而手中的这一把剑却有着让十四州都感到寒霜般的威慑力。

古诗 满堂花醉三千客，一剑霜寒十四州。

白话 拥有顽强的生命力与不屈的精神。

古诗 野火烧不尽，春风吹又生。

白话 一个人就可以是一支军队。

古诗 一身转战三千里，一剑曾当百万师。

白话 我一生的心意就在这箫声与佩剑之中，但我却白白辜负了十五年张狂的名声。

古诗 一箫一剑平生意，负尽狂名十五年。

白话 像鲸鱼吸水那样豪饮却还没能把大海吞下，宝剑的气势已经闪耀清秋。

古诗 鲸饮未吞海，剑气已横秋。

白话 在短暂的交谈之中，就能许下生死与共的誓言，一旦承诺，那分量就如同千金般贵重。

古诗 立谈中，死生同。一诺千金重。

白话 我平生英勇无畏，死亡也不可令我低头。

古诗 诚既勇兮又以武，终刚强兮不可凌。身既死兮神以灵，魂魄毅兮为鬼雄。

写豪情壮志

白话 我成功了，现在意气风发。

古诗 昔日龌龊不足夸，今朝放荡思无涯。春风得意马蹄疾，一日看尽长安花。

白话 我就是最棒的！

古诗 何须浅碧深红色，自是花中第一流。

白话 年轻人潇洒自在，风流倜傥。

古诗 五陵年少金市东，银鞍白马度春风。落花踏尽游何处，笑入胡姬酒肆中。

白话 我年少时就立下了直上云霄的高远志向，期许自己能成为人世间最出众的人。

古诗 须知少时拏云志，曾许人间第一流。

白话 我很狂放。

古诗 我本楚狂人，凤歌笑孔丘。

白话 我蔑视权贵、坚守自我、不肯屈服！

古诗 安能摧眉折腰事权贵？使我不得开心颜！

写意志不倒

白话 我最看重的是坚守不屈的意志，成败反而看淡了。

古诗 丈夫贵不挠，成败何足论。

白话 内心有坚定的信念，不受外界干扰。

古诗 道足以忘物之得丧，志足以一气之盛衰。

白话 志向终生不渝，意志不倒。

古诗 平生志，水投石。首已皓，心犹赤。

白话 精诚所至，力量大到能让箭射进石头里，又怎么会说害怕艰难险阻？

古诗 **精感石没羽，岂云惮险艰。**

白话 如果这种兴致、愿望没有实现，这颗牵挂的心就永远不会停歇。

古诗 **此兴若未谐，此心终不歇。**

白话 自我反省后觉得理直，那么即使面对千万人的阻挡，我也会勇往直前。

古诗 **自反而缩，虽千万人，吾往矣。**

持之以恒

莫愁千里路，自有到来风

白话 不要担心未来，一定会有助力的。

古诗 **莫愁千里路，自有到来风。**

白话 人要先克服心魔。

古诗 **不能胜寸心，安能胜苍穹。**

白话 所有的大事都是慢慢积累的。

古诗 **夫风生于地，起于青萍之末。**

白话 读书不能速成。

古诗 **读书如树木，不可求骤长。**

白话 越努力越幸运。

古诗 **千淘万漉虽辛苦，吹尽狂沙始到金。**

白话 人坚持就会有成绩。

古诗 **绳锯木断，水滴石穿。**

白话 人要想取得成就、拥有美好的品质，就必须经历艰难困苦的磨炼，在困境中锻炼自己。

古诗 宝剑锋从磨砺出，梅花香自苦寒来。

白话 做事情要有坚持不懈的精神，不能半途而废。

古诗 锲而舍之，朽木不折；锲而不舍，金石可镂。

白话 一种情况的形成，是经过长时间的积累、酝酿。

古诗 冰冻三尺，非一日之寒。

白话 我期望能有机会一展身手。

古诗 十年磨一剑，霜刃未曾试。

白话 即使不为人所知，我的内心仍然志向坚定，为此我坚持挑灯夜读，勤奋学习、不断进取。

古诗 名不显时心不朽，再挑灯火看文章。

白话 高远的志向、显达的地位应当靠自己去努力争取呀，何必非要去寻求他人的赏识和帮助呢？

古诗 青云当自致，何必求知音？

白话 这是我心中追求的东西，就算面临多次死亡也绝不后悔。

古诗 亦余心之所善兮，虽九死其犹未悔。

白话 我技艺精进又花费了很多心血，何必担心不会成功呢？

古诗 艺精心更苦，何患不成功。

白话 广泛地阅读、观察，多多积累知识，然后从中选取精华部分为己所用，只有经过长时间深厚的积累，才能在适当的时候慢慢地施展出来。

古诗 博观而约取，厚积而薄发。

白话 有些事物看上去好像很平常普通，实际上却是奇特、不同寻常的，事情做成的时候好像很容易，可其中经历的艰难辛苦只有自己知道。

古诗 看似寻常最奇崛，成如容易却艰辛。

白话 实践出真知，要多经历才能有见识。

古诗 操千曲而后晓声，观千剑而后识器。

白话 人要珍惜时间、刻苦读书。

古诗 三更灯火五更鸡，正是男儿读书时。

白话 学习和志向对于成才来说都很重要。

古诗 非学无以广才，非志无以成学。

白话 通过勤奋，我们才能得到自己想要的。

古诗 人生在勤，不索何获。

白话 积累很重要，做事要从点滴做起。

古诗 不积跬步，无以至千里；不积小流，无以成江海。

无惧挫折

无人扶我青云志，我自踏雪至山巅

白话 即便得不到他人的助力，我也要靠自己去努力达成目标，不向困难低头。

古诗 无人扶我青云志，我自踏雪至山巅。

白话 对未来充满希望，相信自己终会有机会大展宏图。

古诗 他日卧龙终得雨，今朝放鹤且冲天。

白话 人在追求目标的过程中，要不畏艰难险阻，坚定地朝着自己的目标前进。

古诗 清溪奔快，不管青山碍。

白话 人们在面对绝境时不要绝望，要相信总会有转机出现。

古诗 人有逆天之时，天无绝人之路。

白话 在面对困境时，要坚守理想抱负，不被眼前的困难打倒。

古诗 穷且益坚，不坠青云之志。

白话 有才能、品德高尚的人往往在生活中也历经坎坷，更何况我这样孤傲的人呢？

古诗 自古圣贤尽贫贱，何况我辈孤且直！

白话 新事物总会取代旧事物，即便身处困境、面临衰败，也不必过于悲观，世界依旧在不断发展变化。

古诗 沉舟侧畔千帆过，病树前头万木春。

白话 什么时候我才能摆脱樊笼，找到自由呢？

古诗 何时放出樊笼去，定似飞鸿上九秋。

白话 对未来充满无限憧憬，觉得世间万物都可去征服。

古诗 抬眸四顾乾坤阔，日月星辰任我攀。

白话 山上高达百丈的青松，即使秋风再大也吹不折它。

古诗 君不见拂云百丈青松柯，纵使秋风无奈何。

白话 你将来必能有所作为，只是还需要等待合适的时机。

古诗 我觉君非池中物，咫尺蛟龙云雨。时与命犹须天付。

白话 不要因为一时的失败而气馁，只要有人才、有潜力，就有可能东山再起。

古诗 江东子弟多才俊，卷土重来未可知。

白话 再艰难的环境也能看到希望，要保持乐观积极的心态。

古诗 万里腾飞仍有路，莫愁四海正风尘。

白话 不要因为当下的艰难就对未来失去信心，相信只要坚持下去，就会有美好的前景。

古诗 坚苦今如此，前程岂渺茫。

逆境成长

风雪压我两三年，我笑风雪轻如棉

白话 这么点困难不会打败我。

古诗 **风雪压我两三年，我笑风雪轻如棉。**

白话 是金子一定会发光。

古诗 **自是桃李树，何畏不成蹊。**

白话 过去无法改变，我们只能专注未来。

古诗 **去日不可追，来日犹可期。**

白话 我现在没有成功，可能是大器晚成。

古诗 **青云浩荡非难遇，天遣奇才独晚成。**

白话 虽然我现在是一个普通人，但是以后肯定会变成非凡人物。

古诗 **即今江海一归客，他日云霄万里人。**

白话 我对自己的才华非常自信。

古诗 **何须论得丧？才子词人，自是白衣卿相。**

白话 有抱负的人志向要远大，意志要坚定，因为他肩负着重大的使命，路途又特别遥远。

古诗 士不可不弘毅，任重而道远。

白话 困难不会打败我。

古诗 风雪压枝两三年，如牛负重步艰难。他年若得凌云志，敢笑黄连不丈寒。

白话 人要想取得成就、收获美好，就必须要经历艰难困苦的磨炼。

古诗 不经一番寒彻骨，怎得梅花扑鼻香。

白话 我们要为达目标不惧艰难、坚毅奋进。

古诗 路漫漫其修远兮，吾将上下而求索。

白话 做人要有骨气，品行高洁。

古诗 宁可枝头抱香死，何曾吹落北风中。

白话 不要放弃希望。

古诗 山重水复疑无路，柳暗花明又一村。

白话 我总有一天会飞黄腾达。

古诗 大鹏一日同风起，扶摇直上九万里。

白话 我坚信自己能够实现远大抱负，你们这些人的嘲笑又算得了什么呢。

古诗 寄言燕雀莫相啅，自有云霄万里高。

白话 即便暂时身处困境，等到合适的时机，也能有所作为，实现自身价值。

古诗 君不见长松卧壑困风霜，时来屹立扶明堂。

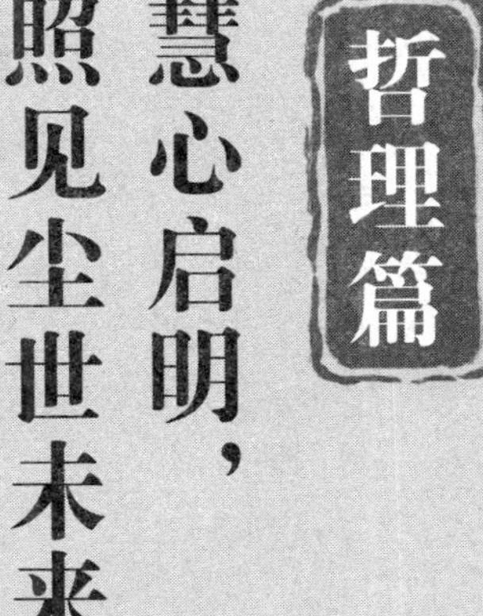

哲理篇

慧心启明，照见尘世未来

人生哲理

浮生暂寄梦中梦，世事如闻风里风

白话 世上有几个人能称心如意呢？不过都是看幻想中的自己罢了。

古诗 毕竟几人真得鹿，不知终日梦为鱼。

白话 人的相遇像鸿雁一样有踪迹，一件事过去了就没有痕迹了。

古诗 人似秋鸿来有信，事如春梦了无痕。

白话 春天有鲜花，秋天有月亮，夏天有凉风，冬天有白雪。

古诗 春有百花秋有月，夏有凉风冬有雪。

白话 人这一辈子像做了场大梦一样。

古诗 世事漫随流水，算来一梦浮生。

白话 不要觉得不久后又要分别了，人生就是匆匆一场。

古诗 莫恨明朝又离索，人生何处不匆匆。

白话 不要说所有的事都是一场空，其实不去细思，像一场梦一样。

古诗 休言万事转头空，未转头时皆梦。

白话 人间事像一场梦，又萧瑟得像秋天。

古诗 世事一场大梦，人生几度秋凉？

白话 年轻人你记住，要想快活似神仙，首先你得有闲。

古诗 一句丁宁君记取。神仙须是闲人做。

白话 人生就像柳絮一样，快乐一点悲伤一点，也都是流水间的浮萍罢了。

古诗 人生只似风前絮，欢也零星，悲也零星，都作连江点点萍。

白话 人生就像梦里的梦，世上的事情就像风中的风，虚浮不定。

古诗 浮生暂寄梦中梦，世事如闻风里风。

白话 人生就像露珠一样短暂，而天道总是长久。

古诗 人生若尘露，天道邈悠悠。

白话 懂我的人，知道我心里的忧愁，不懂我的人，问我在寻求什么。

古诗 知我者，谓我心忧；不知我者，谓我何求。

白话 美好的东西总是脆弱的。

古诗 大都好物不坚牢，彩云易散琉璃脆。

白话 人生漂泊。

古诗 人生无根蒂，飘如陌上尘。

白话 人间万事都像一场是小孩子玩游戏一样，没有必要还为此著书立说。

古诗 **世间种种皆儿戏，何必区区弄笔头。**

白话 我喜欢自由自在，独来独往。

古诗 **野鹿自由性，孤鸿不就群。**

白话 路不好走，不如大醉一场，无话辩驳不如睡觉。

古诗 **有道难行不如醉，有口难言不如睡。**

白话 富贵也好，贫穷也好，都是梦罢了，不必为人间的一些快乐和屈辱感到太惊讶。

古诗 **钟鼎山林都是梦，人间宠辱休惊。**

白话 世事无常、人生短暂，人世间的欢乐也不过这样。

古诗 **世间行乐亦如此，古来万事东流水。**

白话 人生的经历只是短暂、偶然的存在，很快就会消逝。

古诗 **人生到处知所似，应似飞鸿踏雪泥。**

白话 人们大多能感受到时光流逝、世事变化，却很难真正看透事物的虚幻本质。

古诗 **举世只知嗟逝水，无人微解悟空花。**

白话 整个大千世界都如同微尘一样渺小，在这样的情况下，我又何必执着于喜爱或憎恶这些情感呢？

古诗 **世界微尘里，吾宁爱与憎。**

白话 尘世喧嚣，转瞬即过，可人间依旧纷纷扰扰。

古诗 一点灵光随落日，万端尘世付浮云。人世自纷纷。

白话 内心的修行关键在于平息内心的杂念，而非依赖外界的环境。

古诗 安禅不必须山水，灭得心中火自凉。

白话 人们在看待事物、权衡轻重时经常本末倒置。

古诗 人间万事，毫发常重泰山轻。

白话 人生而渺小。

古诗 人生直作百岁翁，亦是万古一瞬中。

自然哲理

听风八百遍，才知是人间

白话 过了很多年，经了很多事，才明白人世艰难，人事厚重。

古诗 **听风八百遍，才知是人间。**

白话 风起的时候才能识别坚韧的草，严酷的霜寒才能识别出谁是强悍的树木。

古诗 **疾风知劲草，严霜识贞木。**

白话 走自己的路，让别人说去吧。

古诗 **莫听穿林打叶声，何妨吟啸且徐行。**

白话 趁着现在的好春光还没有结束，好好珍惜，不要辜负当下。

古诗 **趁取春光，还留一半，莫负今朝。**

白话 仙鹤在松树枝头对着天上的明月低语，那盛开的花儿在云雾缭绕之中彰显着春天的气息。

古诗 **鹤语松上月，花明云里春。**

白话 傍晚时分，云彩散去，天空像琉璃一样纯净美丽。

古诗 晚云收，淡天一片琉璃。

白话 时光会让一切褪色。

古诗 流光容易把人抛，红了樱桃，绿了芭蕉。

白话 过了一年，大家都老了。

古诗 今朝一岁大家添，不是人间偏我老。

白话 人们要修心养性，懂得以退为进。

古诗 心地清净方为道，退步原来是向前。

白话 桃花不受世事干扰，洒脱自在，仿佛在嘲笑人自寻烦恼。

古诗 桃花不管人间事，只笑山人未拂衣。

白话 在那通往蓬莱仙山的路上，相逢时相视一笑，顿时觉得人世间的风花雪月等美好景致都如同尘土一般，变得微不足道。

古诗 一笑相逢蓬海路。人间风月如尘土。

白话 退一步海阔天空。

古诗 千里家书只为墙，让他三尺又何妨。

白话 世间万物都是不断更新的，新事物总会取代旧事物。

古诗 芳林新叶催陈叶，流水前波让后波。

白话 时光宝贵、一去不复返，要抓紧时间学习、做事，不要浪费光阴。

古诗 盛年不重来，一日难再晨。及时当勉励，岁月不待人。

处世哲理

时光清浅处，一步一安然

白话 在岁月长河里，每一步要稳稳地走。

古诗 时光清浅处，一步一安然。

白话 少参与世俗话题的讨论，就能让自己远离尘世纷争，保持内心的清净。

古诗 逢人不说人间事，便是人间无事人。

白话 不要太看重外物，也不要自卑。

古诗 不以物喜，不以己悲。

白话 人的心性要沉稳平静，能客观、透彻地洞察人世间的种种情形，不被情绪、偏见等干扰。

古诗 心如止水鉴常明，见尽人间万物情。

白话 人们要秉持勤俭的作风，勿奢靡。

古诗 历览前贤国与家，成由勤俭破由奢。

白话 古人那种珍贵的、不计利益的友情在当今社会已经很难见到了。

古诗 君不见管鲍贫时交，此道今人弃如土。

白话 只有在艰难困苦、严峻的环境下，才能真正考验出人的品质和能力。

古诗 疾风知劲草，板荡识诚臣。

白话 夫妻关系特殊，虽然有着亲密的情感纽带，但也可能因为各种原因而变得疏远，充满了变数。

古诗 至高至明日月，至亲至疏夫妻。

白话 人要做到表里如一。

古诗 君子慎独，不欺暗室。

白话 君子要懂得谦逊，通过放低姿态、自我约束等方式不断提升自己的修养。

古诗 谦谦君子，卑以自牧也。

白话 做大事的人要等待时机。

古诗 君子藏器于身，待时而动。

白话 笑一笑，没什么大不了。

古诗 人生自在常如此，何事能妨笑口开？

白话 做人啊，难得糊涂。

古诗 是非入耳君须忍，半作痴呆半作聋。

白话 贤明的人对自己严格对别人宽松，平庸的人宽容自己而苛求别人。

古诗 君子自难而易彼，众人自易而难彼。

白话 做人不要强求，还要能屈能伸。

古诗 富贵荣华莫强求，强求不出反成羞。有伸脚处须伸脚，得缩头时且缩头。

白话 不要埋怨没有人理解你，历史上就没有小人不嫉妒贤才的。

古诗 莫嫌举世无知己，未有庸人不忌才。

白话 没有眷恋，也没有什么厌弃的，人生才得逍遥。

古诗 无恋亦无厌，始是逍遥人。

生活哲理

自能生羽翼，何必仰云梯

白话 人要依靠自己。

古诗 自能生羽翼，何必仰云梯。

白话 真正好的东西不需要雕饰。

古诗 假金方用真金镀，若是真金不镀金。

白话 人一定要有良心。

古诗 千圣皆过影，良知乃吾师。

白话 理论学习重要，实践更重要。

古诗 纸上得来终觉浅，绝知此事要躬行。

白话 人是通过学习成长的。

古诗 人学始知道，不学非自然。

白话 在顺境中不能大意，在逆境中不要绝望。

古诗 祸兮福之所倚，福兮祸之所伏。

白话 人们要遵循自然规律，秉持一种积极且平和、不争的处世态度。

古诗 **天之道，利而不害；人之道，为而弗争。**

白话 面对无法改变的现实时要能平和接受。

古诗 **知其不可奈何而安之若命，德之至也。**

白话 人生时光转瞬即逝，须珍惜光阴。

古诗 **人生天地之间，若白驹之过隙，忽然而已。**

白话 人要有宽广的胸怀，善于接纳、包容各种事物和人，才能不断积累、壮大。

古诗 **山不让尘，川不辞盈。**

白话 我问心无愧。

古诗 **仰不愧于天，俯不怍于人。**

白话 人要严于律己、宽以待人，多换位思考，不要对别人苛刻，对自己宽松。

古诗 **以责人之心责己，恕己之心恕人。**

白话 人要有预判，行事要谨慎，避免引起不必要的误会和麻烦。

古诗 **君子防未然，不处嫌疑间。**

白话 人要有心怀天下、为社会做贡献的责任感，不能只想着保全自己。

古诗 **苟无济代心，独善亦何益。**

白话 身处富贵的时候不被钱财权势迷惑，处于贫穷境地时也能安贫乐道，男子汉要是能做到这样，那就是真正的豪杰英雄。

古诗 富贵不淫贫贱乐，男儿到此是豪雄。

白话 我不走歪门邪道。

古诗 宁可直中取，不可曲中求。

白话 人只管把握当下就对了。

古诗 但知行好事，莫要问前程。

白话 品德是根本，言论可能只是表象，要透过言语看本质，判断一个人真正的德行。

古诗 有德者必有言，有言者不必有德。

白话 人做事要谨慎，避免冲动行事带来不良后果。

古诗 事不三思终有悔，人能百忍自无忧。

白话 人要胸怀宽广。

古诗 君子量不极，胸吞百川流。

白话 回头望去，感觉自己仿佛已经超脱于尘世之外，静静地坐着，忘却了天地之间的一切，就好像那渺小的蜉蝣一样。

古诗 回首杳然尘世外，坐忘天地一蜉蝣。

白话 人与人之间的关爱和尊重是相互的。

古诗 爱人者人恒爱之，敬人者人恒敬之。

白话 要居安思危，盛极必反。

古诗 日中则移，月满则亏。

白话 不能心存私心，要客观公正地看待事物、听取意见、思考问题。

古诗 私视使目盲，私听使耳聋，私虑使心狂。

白话 做事情要遵循由易到难、由小到大的规律，脚踏实地，循序渐进。

古诗 天下难事，必作于易；天下大事，必作于细。

白话 不管是智者还是愚者，在思考问题时都不可能万无一失或一无所得，要善于听取不同的意见。

古诗 智者千虑，必有一失；愚者千虑，必有一得。

白话 人要知足常乐。

古诗 人生哪能多如意，万事只求半称心。

白话 我经过一番努力后，终于克服了困难。

古诗 向来枉费推移力，此日中流自在行。

白话 人生或者做事情的过程中，困难总是一个接着一个，需要不断去克服。

古诗 政入万山围子里，一山放出一山拦。

白话 世事真是变化无常啊。

古诗 吹开红紫还吹落，一种东风两样心。

白话 人干事业要趁早啊。

古诗 **青春须早为，岂能长少年。**

白话 做事不能虎头蛇尾，要有始有终，坚持到底才能成功。

古诗 **靡不有初，鲜克有终。**

白话 人说话一定要讲分寸。

古诗 **白圭之玷，尚可磨也；斯言之玷，不可为也！**

白话 你们所有人想的那些办法呀，都不如我自己亲自实践所选择的道路。

古诗 **百尔所思，不如我所之。**

白话 珍惜当下。

古诗 **且以喜乐，且以永日。宛其死矣，他人入室。**

白话 借助外力或者别人的长处、经验等来帮助自己改正缺点、提升能力，做好事情。

古诗 **他山之石，可以攻玉。**

白话 看见钱塘江上潮水涌来的时候，才真正明白自己到底是怎样的一个人。

古诗 **钱塘江上潮信来，今日方知我是我。**

白话 那些最本质、最宏大的事物往往超出了人们平常感知。

古诗 **大音希声，大象无形。**

白话 看过了人世间那么多兴盛和衰败的事情之后，就觉得富贵也好，贫穷也罢，都没那么重要。

古诗 看尽人间兴废事，不曾富贵不曾穷。

白话 得到了就放声高歌，尽情欢乐呀，失去了就坦然放下，不要纠结，如果总是忧愁怨恨，日子会在这种情绪中慢慢消逝。

古诗 得即高歌失即休，多愁多恨亦悠悠。

白话 刚刚产生就意味着将要死亡，刚刚死亡就意味着将要新生。

古诗 方生方死，方死方生。

白话 我要向我的榜样学习。

古诗 高山仰止，景行行止。虽不能至，然心乡往之。

白话 一件事情你只要做就成功了一半。

古诗 为者常成，行者常至。

白话 来势汹汹的困难、灾祸等都不会一直持续，在困境中要保持乐观，坚持前行。

古诗 飘风不终朝，骤雨不终日。

白话 为人要实在、有内涵，坚守良好的品德，不被浮名虚利所迷惑。

古诗 大丈夫处其厚，不居其薄；处其实，不居其华。

白话 人们要多自省，少对别人品头论足，避免制造口舌是非。

古诗 静坐常思己过，闲谈莫论人非。

白话 尽管会遭遇挫折，让情况变得糟糕，但只要有坚韧的精神，最终还是能重新振作，迎来光明。

古诗 海压竹枝低复举，风吹山角晦还明。

白话 人不要总是纠结于过去的失误或遗憾，要把目光投向未来，积极争取更好的结果。

古诗 往者不可谏，来者犹可追。

白话 不要狗眼看人低。

古诗 时人莫小池中水，浅处无妨有卧龙。

杂感篇

感悟于织锦时光之中

时光感慨

流光一瞬，华表千年

白话 时间过得真快，华表总屹立不倒。

古诗 流光一瞬，华表千年。

白话 时光飞逝，人生无常。

古诗 今年花谢，明年花谢，白了人头。

白话 时光变幻，我心爱的人已经离开了。

古诗 伤心桥下春波绿，曾是惊鸿照影来。

白话 花没有变，但是人已经不是去年的人了。

古诗 年年岁岁花相似，岁岁年年人不同。

白话 这美好时光，真的让人心有不舍啊。

古诗 为君持酒劝斜阳，且向花间留晚照。

白话 年少时光一去不复返，再没有往昔那种纯粹欢乐了。

古诗 欲买桂花同载酒，终不似，少年游。

白话 时光悄然流逝，世事也在不断变迁，一切都在不知不觉中改变了模样。

古诗 闲云潭影日悠悠，物换星移几度秋。

白话 时光流逝之快，好像自己还沉浸在春日的美好里，一转眼秋天就到了，让人猝不及防。

古诗 未觉池塘春草梦，阶前梧叶已秋声。

白话 人们常常忽略生命在悄然变化。

古诗 浮生恰似冰底水，日夜东流人不知。

白话 时光易逝。

古诗 窗外日光弹指过，席间花影坐前移。

白话 要珍惜时光，莫让它白白流走。

古诗 岁月不居，时节如流。

白话 人们专注于某件事时，往往忽略了时光的悄然更替。

古诗 但屈指西风几时来，又不道流年暗中偷换。

白话 面对那花儿凋零飘落，真是一点办法也没有啊，只能无奈地看着。而那归来的燕子，看着好像是曾经见过的样子呢。

古诗 无可奈何花落去，似曾相识燕归来。

白话 时光快速流逝，四季不停更迭。

古诗 日月忽其不淹兮，春与秋其代序。

白话 时光短暂，世事无常。

古诗 弹指太息，浮云几何。

白话 花落花开，可是我已经老了。

古诗 花前人是去年身，去年人比今年老。

白话 好想回到年少的时光啊！

古诗 春风若有怜花意，可否许我再少年？

白话 时光宛若东流水。

古诗 逝者如斯夫，不舍昼夜。

白话 少年的时光一去不返。

古诗 花有重开日，人无再少年。

白话 时间过得很快啊，世事就像浮云一样。

古诗 世事浮云过，时光暮雪催。

白话 活在当下。

古诗 且尽眼中欢，莫叹时光促。

白话 时光飞逝，人世艰难。

古诗 但见时光流似箭，岂知天道曲如弓。

白话 时光流逝，人事皆非。

古诗 旧时王谢堂前燕，飞入寻常百姓家。

白话 时光就如同白驹过隙一般快速流逝，就好像只是一瞬间，岁月已经变换了。

古诗 **驰隙流年，恍如一瞬星霜换。**

生活感悟

我与我周旋久，宁作我

白话 人要做自己。

古诗 我与我周旋久，宁作我。

白话 想做的事情就去做，不要等到失去了才后悔。

古诗 花开堪折直须折，莫待无花空折枝。

白话 要珍惜当下，不要过度忧虑，徒增烦恼。

古诗 人生不满百，常怀千岁忧。

白话 时光流逝，知音难觅。

古诗 万里沧江生白发，几人灯火坐黄昏。

白话 在生活中要保持平和心态，不陷入无谓的竞争，知足常乐。

古诗 人生斯世无别巧，要在遇物心不竞。

白话 要胸怀高远目标，不要随波逐流。

古诗 人生汲汲须高致，世态浑浑未易穷。

白话 人生的变化实在是无穷无尽呀，以前还是在朝廷为官的人呢，如今却变成乡间的老头儿了。

古诗 **人生变改故无穷，昔是朝官今野翁。**

白话 人要坚守初心，按照内心真正想做的去生活，不要被外界因素干扰而迷失自我。

古诗 **人生随所遇，勿替此心初。**

白话 人生如梦，很多追求都是虚幻的，不要在一些错误或者迷茫的方向上过于执着，要懂得适时停下审视一番。

古诗 **人生元是华胥客，休向迷涂更著鞭。**

白话 建造三间屋子用来收藏万卷书籍，挥笔写出来的每一个字都价值千金。

古诗 **结屋三间藏万卷，挥毫一字直千金。**

白话 人生最可贵的就是过得舒心惬意，真正的快乐哪里在于数量的多少。

古诗 **人生贵适意，所乐岂在多。**

白话 要有识人之能，有才能的人不要因暂时不被认可而气馁。

古诗 **时人不识凌云木，直待凌云始道高。**

白话 人的本性是趋利避害的。

古诗 **天下熙熙，皆为利来；天下攘攘，皆为利往。**

白话 人要珍惜年少时光，奋发有为，不要虚度光阴，不然老来后悔也无济于事。

古诗 **人生得意须年少，白发龙钟空自笑。**

白话 人不要以财富地位来评判他人，要明白生死面前人人平等，看淡世俗的贫富差异。

古诗 **莫笑贱贫夸富贵，共成枯骨两如何？**

白话 人生只是一场梦幻泡影，要放下世俗羁绊。

古诗 **须信百年俱是梦，天地阔，且徜徉。**

白话 人生在世，怎能不分别呢？只是在这世道战乱纷纷的时候，短暂的分离都让人觉得格外惋惜。

古诗 **人生何处不离群？世路干戈惜暂分。**

白话 旁观者清。

古诗 **不识庐山真面目，只缘身在此山中。**

白话 在生活中要保持内心的平静和淡泊，不被世俗的功名利禄所迷惑，才能更好地追求自己的人生目标。

古诗 **非淡泊无以明志，非宁静无以致远。**

白话 人们在追求功名利禄的过程中，往往付出很多，但最终得到的结果未必如自己所愿。

古诗 **采得百花成蜜后，为谁辛苦为谁甜？**

白话 不要过分追逐功名利禄，要以一种豁达的心态看待人生的得失。

古诗 **功名富贵若长在，汉水亦应西北流。**

白话 在与他人相处时要谨慎小心，注意防范。

古诗 **易涨易退山溪水，易反易覆小人心。**

白话 飞黄腾达之后，发现周围多是好人。

古诗 **贫居闹市无人问，富在深山有远亲。**

白话 在人际交往中不要轻易被表面现象所迷惑，要以时间和实践来检验人心。

古诗 **路遥知马力，日久见人心。**

白话 人生短暂，世事无常。

古诗 **但看古来歌舞地，惟有黄昏鸟雀悲。**

白话 君子心胸开阔，光明磊落，因此而坦然自在；小人则常常斤斤计较，患得患失，所以总是忧愁不安。

古诗 **君子坦荡荡，小人长戚戚。**

白话 诚信在人际交往中很重要。

古诗 **与朋友交，言而有信。**

白话 君子成全别人的好事，不促成别人的坏事。小人则与此相反。

古诗 **君子成人之美，不成人之恶；小人反是。**

白话 我不随波逐流，坚守自己的道德准则和价值观念。

古诗 众人皆以奢靡为荣，吾心独以俭素为美。人皆嗤吾固陋，吾不以为病。

白话 我在恶劣的环境中仍能保持纯洁的品质和高尚的气节，不随波逐流，不与恶势力同流合污。

古诗 出淤泥而不染，濯清涟而不妖。

白话 人与人交往时不要只看表面现象，要深入了解对方的本质和品性，以免被心怀不轨的人所欺骗。

古诗 画虎画皮难画骨，知人知面不知心。

白话 君子之交注重的是内在的精神契合和品德修养，而非物质利益的交换，因此才能经得起时间的考验。

古诗 君子之交淡如水，小人之交甘若醴。

白话 人们在日常生活中要注重积累善举，摒弃恶念和恶行，从点滴做起，培养良好的品德和行为习惯。

古诗 勿以善小而不为，勿以恶小而为之。

白话 世事无常。

古诗 岁久人无千日好，春深花有几时红。

白话 人要和平相处，互相帮助。

古诗 出入相友，守望相助。

白话 容易变脸、翻脸无情的人，是福薄之人，不值得与之计较；而能够长久做朋友、有宽容之心的人，才是值得信赖和尊重的。

古诗 易变脸，薄福之人奚较；耐久朋，能容之士可宗。

白话 心中怀有恻隐之心的人，在遇到艰难险阻时，往往能够在中途得到他人的救助。

古诗 恻隐之心多，遇艰难，中途获救。

白话 如果善恶没有相应的报应，那么天地之间必定存在着私心。

古诗 善恶若无报，乾坤必有私。

白话 人们为了保护自己，需要对他人保持一定的警惕性，以免被别有用心的人利用或伤害。

古诗 逢人且说三分话，未可全抛一片心。

白话 既要保持善良的本心，又要对可能存在的恶意有所警惕，以保护自己免受伤害。

古诗 害人之心不可有，防人之心不可无。

白话 人心善恶在表面上往往难以辨别，需要经过时间和事件的考验才能看清真相。

古诗 周公恐惧流言日，王莽谦恭未篡时。

白话 礼仪和道德对于人而言非常重要。

古诗 相鼠有皮，人而无仪！人而无仪，不死何为？

白话 不要做亏心事。

古诗 劝君莫作亏心事，古往今来放过谁。

白话 那些付出了劳力的，往往得不到相应的报酬。

古诗 遍身罗绮者，不是养蚕人。

白话 时光能看清楚一个人。

古诗 试玉要烧三日满，辨材须待七年期。

白话 要警惕那些当面一套，背后一套的人。

古诗 为鬼为蜮，则不可得。有腼面目，视人罔极。

白话 人生总是困难重重啊。

古诗 正入万山圈子里，一山放过一山拦。

白话 人要在年轻时候奋发向上。

古诗 少壮不努力，老大徒伤悲。

命运思索

时来天地皆同力，运去英雄不自由

白话 即便有非凡的能力，没了好运相助，也难以施展。

古诗 **时来天地皆同力，运去英雄不自由。**

白话 我名落孙山，羡慕别人。

古诗 **自恨罗衣掩诗句，举头空羡榜中名。**

白话 人生哪有称心如意的？

古诗 **人道洛阳花似锦，偏我来时不遇春。**

白话 我在二十岁的时候诸事不顺、不如意，心中苦闷。

古诗 **我当二十不得意，一心愁谢如枯兰。**

白话 苍天对我不公平。

古诗 **大道如青天，我独不得出。**

白话 人在命运面前显得很无力。

古诗 **万般皆是命，半点不由人。**

白话 命运难改，及时行乐。

古诗 一年明月今宵多，人生由命非由他。有酒不饮奈明何。

白话 命中注定有的东西，终究是会有的，如果没有，不要勉强。

古诗 命里有时终须有，命里无时莫强求。

白话 如果命运难改，那就开开心心地过日子好了。

古诗 穷通吾有命，不乐复何耶。

白话 世界很大，不要局限于自己短浅的认知。

古诗 朝菌不知晦朔，蟪蛄不知春秋。

白话 君子能安心地处在平常的境地，等待命运的安排，小人却会冒险行事，妄图求得意外的收获。

古诗 君子居易以俟命，小人行险以徼幸。

白话 时光的流转对生命来说是一种折磨。

古诗 吾不识青天高，黄地厚。唯见月寒日暖，来煎人寿。

白话 光阴飞逝，世事变迁。

古诗 年光似鸟翩翩过，世事如棋局局新。

白话 世事无常，无论曾经经历怎样的荣辱，最后都会消逝，只有大自然永恒不变。

古诗 是非成败转头空。青山依旧在，几度夕阳红。

白话 面对人心变化，只能叹息。

古诗 如今君心一朝异，对此长叹终百年。

白话 相交到老的朋友之间，有时候还会互相猜忌、提防，而那些富贵人家中先发达的人，却嘲笑那些后来想要出人头地的人。

古诗 白首相知犹按剑，朱门先达笑弹冠。

白话 做事要谨慎，不要轻易犯错，不然可能会后悔莫及。

古诗 一失足成千古恨，再回头是百年身。

白话 天地对万物没有偏爱，一切都按照自然规律运行。

古诗 天地不仁，以万物为刍狗。

白话 人生的命运多有不顺，即使有才能也难以得到施展和认可。

古诗 时运不齐，命途多舛。冯唐易老，李广难封。

白话 我深感时空的无限和个人的渺小孤独。

古诗 前不见古人，后不见来者。念天地之悠悠，独怆然而涕下。

白话 文人的命运往往受到诸多因素的影响而难以顺遂。

古诗 文章憎命达，魑魅喜人过。

白话 想要获取功名富贵那得等待命运的安排，如果命运不给这个机会，又能怎么样呢？

古诗 功名富贵须待命，命若不来知奈何。

白话 我和你一样凄惨。

古诗 同是天涯沦落人，相逢何必曾相识。

白话 我付出一片真心，却得不到应有的回应。

古诗 我本将心向明月，奈何明月照沟渠。

白话 只要心意坚定，即使生死相隔，也终有相见之日。

古诗 但教心似金钿坚，天上人间会相见。

白话 我不服老，不向命运低头。

古诗 谁道人生无再少？门前流水尚能西！休将白发唱黄鸡。

白话 历史具有偶然性。

古诗 东风不与周郎便，铜雀春深锁二乔。

白话 命运无奈，没法排解忧愁。

古诗 抽刀断水水更流，举杯消愁愁更愁。

白话 既然命运是不可避免的，那么就应该以一种坦然的心态去面对。

古诗 古往今来只如此，牛山何必独沾衣。

白话 我不随波逐流。

古诗 举世皆浊我独清，众人皆醉我独醒。